赤 チェックシート方式

すらすら覚えてどんどん使える！
高速マスター英文法

トフルゼミナール　阿部 友直 著

テイエス企画

はじめに

　この文法書は、アプローチの仕方に少し特徴があります。

✓ 名詞（主語）と動詞を押さえてしまえば、
　　　　　　　　　　　　まずは好スタート

✓ アタマで理解するより、
　　　　　シンプルなドリル学習で形と意味に慣れる

　以前と比べて文法をしっかりと学習する機会が減っているためでしょうか、文法的な説明をすると拒絶反応に似たリアクションをする人が確実に増えています。本格的な英語学習を始める人にとって、英文の構造を体系的に学ぶことは不可欠です。しかし、はじめからすべてを学ぼうとするのは、挫折への第一歩を踏み出したも同然です。

　そこで、そのような人が抵抗を感じることなく文法学習に取り組めるよう目指したのがこの文法書です。本書では、英文を構成する最も基本的な名詞（主語）と動詞をマスターし、文法力のコア（核）を作り上げることを目標としました。基礎が固まれば、それを基に積み上げ学習が可能になります。

　学習方法として、赤チェックシートを利用した反復ドリル方式を取り入れました。最初から正解できなくても構いません。単語集で単語を覚えるように、どんどん先に進んで繰り返すことによって、自然と英文の型が身につきます。

　文法用語をできるだけ少なくしましたが、各ユニットの最後に最少限、押さえて欲しいルールのまとめをしましたので、知識の整理に活用してください。また、学習した文法をスピーキング力につなげるためのトピック別実践演習のコーナーや音声教材（CD2枚）も用意しました。

　実際に文を作り上げ、それを使用することによってコミュニケーションがとれるようになれば学習が楽しくなります。文化の異なる人とコミュニケーションがとれる楽しさが英語学習の醍醐味です。それを本書の学習を通して実感してもらいたいと思います。

2010年3月　阿部友直

本書の特徴

赤チェックシート を使って単語集のように

単語を覚えるときに赤チェックシートを使うことは、皆さんおなじみの方法だと思います。この本では文法学習にもその学習方法を応用しました。だいじなポイントは「何度も何度も繰り返す」です。赤シートは、そのためのちょっとした工夫なのです。

名詞（主語）と動詞 がわかれば基礎は完成

英語上達のためには文法をマスターすることがとても大事です。しっかりと文法を学んだ学習者は、その後の「伸び」が違います。しかし、分厚い参考書や問題集と格闘するのは骨が折れることも確か。まずは基本中の基本、名詞と動詞をモノにしてしまいましょう。

シンプルで応用の効く4タイプのエクササイズ

STAGE 1～3各ユニットのエクササイズは空所補充、間違い探し、質疑応答、英作文からなります。4つのエクササイズをこなしながらユニットを進むのもよし、1つの問題タイプに絞って全体を通読してしまうのもよし。自分に合った使い方を工夫してください。

「英文法のまとめ」で ルールを確認

スピード感をもって全体を繰り返し学習する。理屈を覚えるより、まずは英文そのものを体にしみ込ませる。それがこの本の基本的な考え方です。とは言っても、文法用語やその考え方を理解することも大切。各ユニットの最後に重要ポイントを簡潔にまとめました。

トピック別 の独り言・会話・ディスカッションで腕試し

マスターした文法は実際の場面で使ってみたいもの。応用力をつけるためのエクササイズを3つの発話タイプで収録しました。文法がコミュニケーションに役立つことを実感してください。

CD教材も充実。耳ならし口ならし で使える文法を

赤チェックシートを使いながら、解答がすらすら出てくるようになるまで練習してください。CDを繰り返し聞き、シャドーイングなどの口頭練習を行うことが、そのための大きな助けになるでしょう。

本書の構成

　この本は 4 つの STAGE から構成されています。STAGE 1 と 2 で英文の構成に不可欠な要素である動詞と名詞を押さえます。この 2 つの STAGE での学習を両輪として、STAGE 3 で表現の幅を広げ、STAGE 4 では身につけた文法力をコミュニケーションに活かすための実践演習を行います。

STAGE1 動詞編
動詞の最も基本的で重要な項目である自動詞・他動詞の働き、時制の基礎、5 文型、助動詞、仮定法を中心に学習する 30 ユニット。名詞とともに英文の構成に不可欠な要素である動詞の基本をマスターします。

STAGE2 名詞編
動詞とともに英文構成のかなめとなる名詞をマスターする 30 ユニット。主語、目的語、補語といった文の要素にを押さえます。さらに、この STAGE では、名詞を前から修飾するもの、後ろから修飾するものに分け、数量詞、形容詞、分詞、不定詞、関係詞、同格の名詞節などの働きをわかりやすく整理することで、英文が複雑になっていく過程を見ていきます。

STAGE3 重要構文編
2 つの基本 STAGE で英語の核心部分をマスターしましたので、この STAGE の 30 ユニットでは、一歩進んで、コミュニケーションに不可欠な表現法と、もう 1 つの重要な修飾語である副詞の働きを学習します。比較構文、形式主語・目的語、挿入、強調、否定など、英語文で表現するための重要項目と分詞構文や副詞節などの働きをわかりやすく整理します。

STAGE4 実践演習：トピック編
各 STAGE で学習した文法項目について、日常生活でよく出会う場面とともに応用力を高めます。興味深い 60 のトピックを取り上げ、「独り言」「2 人の会話」「ディスカッション」の 3 つの形で演習します。この STAGE を通して、これまでの文法学習の成果を確認します。

本書の使い方

STAGE1 ～ 3 STAGE 1 から STAGE 3 は 4 つの形式でドリル学習を行います。正解が赤字になっていますので、赤チェックシートを使ってどんどん答えていきましょう。最初は正解できなくても気にすることはありません。

▶▶▶ 表現と語句を覚えよう

最初に各ユニットでポイントとなる表現を空所補充形式でマスターします。CDは日本語→ポーズ→英文で収録。日英のスムーズな置き換えができるまで練習しましょう。

▶▶▶ 質問してみよう

質問と回答という形を中心としたドリルで運用力を高めるコーナーです。CDは英語の疑問文→回答文で収録。リスニングとシャドーイングを中心に練習しましょう。

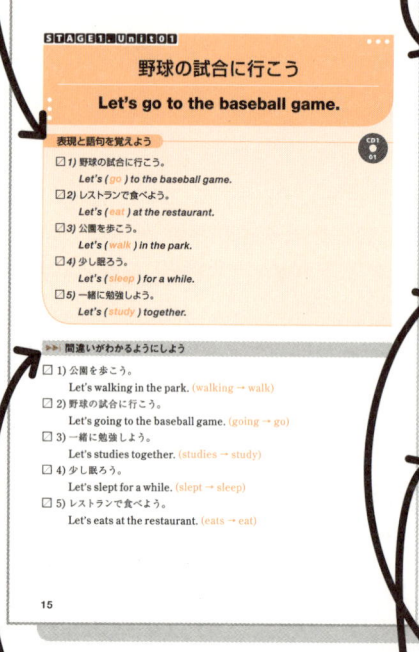

▶▶▶ 間違いがわかるようにしよう

間違い探し形式のドリルです。空所補充形式とは別の角度から学習項目のポイントに焦点をあて、理解と習熟度を高めます。

▶▶▶ 文を書いてみよう

仕上げのコーナーです。すらすら英文が出てくるようになるまで練習しましょう。紙に書いてつづりを正確に覚えることも必要です。

📖 ルールを確認しよう

各ユニットのまとめを簡単な例文と文法用語を使って説明してあります。知識面も強化して発展的な学習につなげてください。

STAGE 4 STAGE 4はここまで学習してきた文法を使って、さまざまなコミュニケーションを行なうための実践演習です。左ページに日本語、右ページに英語の見開き形式になっています。日本語を見て、すらすら英語が出てくるようになるまで練習しましょう。

トピック 01 コーヒーショップ
さまざまな場面、トピックを60取り上げました。どれも日常的で「こんなことよくある」「こんな時どう言えばいいのだろう」というものばかりです。

参照 ⇒
英文で赤字になっている部分は各ユニットで学習してきた文法事項です。該当ユニットが「参照」として示されていますので、復習に便利です。

3つの発話タイプ
各トピックは発話のタイプとして「独り言」「2人の会話」「ディスカッション」といったバリエーションを設けました。イメージを描きながら練習しましょう。

CDを使ったスピーキング練習
各トピックの英文が収録されています。リスニング、シャドーイング等の練習を充分に行いましょう。日本文をきっかけに英文が口をついて出てくるようになれば合格です。
□独り言 □2人の会話 □ディスカッション

CONTENTS

はじめに *3*
本書の特徴 *4*
本書の構成 *5*
本書の使い方 *6*
CD の収録内容 *14*

STAGE 1
動詞編 Unit 1〜Unit 30

Unit 01　野球の試合に行こう *16*
Unit 02　今すぐ彼女に連絡を取りましょう *18*
Unit 03　明日彼女に会います *20*
Unit 04　私はヘルスクラブに入会するつもりです *22*
Unit 05　私は昨日彼女を見ました *24*
Unit 06　彼女の友達はまだ大学生です *26*
Unit 07　私は車に携帯電話を忘れてきた *28*
Unit 08　あなたへのメッセージがあります *30*
Unit 09　私は今朝食を食べています *32*
Unit 10　私はそのときテレビを見ていました *34*
Unit 11　私は今朝から具合が悪い *36*
Unit 12　今ちょうどそれを終えたところです *38*
Unit 13　彼女は面接したことがありません *40*
Unit 14　彼が窓を壊した *42*
Unit 15　私は 25 年間英語を教えています *44*
Unit 16　私は彼女に無視された *46*
Unit 17　君にメールを送るよ *48*
Unit 18　私はあなたにプレゼントを買ってあげる *50*
Unit 19　私は彼にコンピュータを修理してもらいます *52*

8

Unit 20	私はコンピュータを修理してもらった 54
Unit 21	あなたとのお話楽しかったです 56
Unit 22	あなたとお話ししたいのです 58
Unit 23	私は車の運転の仕方を知りません 60
Unit 24	私はなぜ君がそれをしたかわかります 62
Unit 25	私は君が試験に受かることを祈っています 64
Unit 26	私がしてきたことを決して後悔しません 66
Unit 27	私は私のやり方でそれをします 68
Unit 28	彼女はアメリカ人に違いない 70
Unit 29	もし私が記者ならば、それを記事にしないだろう 72
Unit 30	もし私があなただったら、同じことをしたでしょう 74

STAGE 2
名詞編 Unit 31～Unit 60

Unit 31	ここでは携帯電話は使えます 78
Unit 32	あなたに１つアドバイスがあります 80
Unit 33	コーヒーを１杯いただきたいのです 82
Unit 34	私はパーティーを大いに楽しんだ 84
Unit 35	多くの人がそこを訪れました 86
Unit 36	犬は人になつきます 88
Unit 37	私は新鮮な野菜をたくさん食べます 90
Unit 38	聴衆は皆とても興奮していた 92
Unit 39	私はその赤い大きな車がとても気に入った 94
Unit 40	それは注意して書かれた報告書でした 96
Unit 41	ブラジルには広大な熱帯雨林があります 98
Unit 42	５歳の男の子 100
Unit 43	私の好きなワイン 102
Unit 44	「立ち入り禁止」というサイン 104
Unit 45	日本製の車 106

Unit 46　私たちのチームに有益な情報 108
Unit 47　高齢者のための医療施設 110
Unit 48　今夜すべき仕事 112
Unit 49　彼がそれをわざとしたという事実 114
Unit 50　私が彼女を尊敬する理由 116
Unit 51　彼女が本当に怒った時 118
Unit 52　リラックスできる場所 120
Unit 53　私のストレス対処法 122
Unit 54　私の一番好きな車 124
Unit 55　父親が大学教授の友達 126
Unit 56　2人の子供とともに母親が 128
Unit 57　乗務員ばかりでなく乗客も 130
Unit 58　彼が課長に昇進したこと 132
Unit 59　私が信じること 134
Unit 60　誰がパーティーに来るか 136

STAGE 3
重要構文編 Unit 61〜Unit 90

Unit 61　彼のと同じくらいすてき 140
Unit 62　あなたのより速い 142
Unit 63　世界中で最もすばらしい 144
Unit 64　2つの間でより安い方 146
Unit 65　他のどの車よりも速い 148
Unit 66　独りでいる時が一番幸せ 150
Unit 67　これほど重要なものはない 152
Unit 68　これほど大切なものはない 154
Unit 69　大阪のそれより大きい 156
Unit 70　この2倍の大きさ 158
Unit 71　私は紅茶よりコーヒーを好む 160

Unit 72　私はここにいるよりそこに行きたい *162*
Unit 73　彼を扱うのは簡単です *164*
Unit 74　リーダーが必要だということは事実である *166*
Unit 75　私は彼を理解することは難しいとわかった *168*
Unit 76　その情報が公開されることが重要です *170*
Unit 77　疲れているときは、早く寝ます *172*
Unit 78　天気が良ければ、明日はバーベキューパーティーをします *174*
Unit 79　成功するためには、一生懸命働かなければならない *176*
Unit 80　君の努力のおかげで契約を取ることに成功した *178*
Unit 81　幸運にも台風は進路を変えた *180*
Unit 82　２週間前になって初めて、彼と連絡が取れた *182*
Unit 83　彼女は彼を見るや否や微笑んだ *184*
Unit 84　彼は駅を出るや否やタクシーに飛び乗った *186*
Unit 85　日本製のそのハイブリッド車は海外でも人気です *188*
Unit 86　その店は東京で最大だそうです *190*
Unit 87　私は決して同じミスを繰り返しません *192*
Unit 88　私自らが間違いを発見しました *194*
Unit 89　なんて美しい夕焼けなのでしょう！ *196*
Unit 90　君はその車が本当に好きなんだね *198*

STAGE 4
実践演習：トピック編 Topic 01〜Topic 60

Topic 01　コーヒーショップ *202*
Topic 02　駅 *202*
Topic 03　友達と一緒に勉強しない理由 *202*
Topic 04　夏 *202*
Topic 05　健康問題 *204*
Topic 06　留学のメリット *204*
Topic 07　梅雨 *204*

11

Topic 08 夏休みの計画 204

Topic 09 週末 206

Topic 10 交通機関の無料化 206

Topic 11 ダイエット 206

Topic 12 タバコ 206

Topic 13 個人でできる環境対策 208

Topic 14 昇進 208

Topic 15 食事 208

Topic 16 電車の中 208

Topic 17 尊敬できる上司 210

Topic 18 ペット 210

Topic 19 台風 210

Topic 20 カロリー 210

Topic 21 運 212

Topic 22 試験 212

Topic 23 体育 212

Topic 24 携帯電話 212

Topic 25 コンビニ 214

Topic 26 事故 214

Topic 27 ジャズコンサート 214

Topic 28 義務教育 214

Topic 29 スーパー 216

Topic 30 ワールドカップ 216

Topic 31 インターネット 216

Topic 32 うわさ 216

Topic 33 昔話？ 218

Topic 34 季節 218

Topic 35 高校生はパートをすべき 218

Topic 36 若者のファッション 218

Topic 37 バイリンガル 220

Topic 38 友達に求めるものは何か 220

Topic 39 フリーター 220

Topic 40 後悔 220

Topic 41 小さい会社の社長 222

Topic 42 ストレス解消法 222

Topic 43 壊れたサイドミラー 222

Topic 44 小学校の英語教育 222

Topic 45 朝食 224

Topic 46 テレビは子供に悪影響を与える 224

Topic 47 人を外見で判断するな 224

Topic 48 追っかけ 224

Topic 49 子供への重大な影響、家庭か友達か 226

Topic 50 韓国ドラマ 226

Topic 51 １日だけ日本を訪れる外国人を案内する場所 226

Topic 52 コンピュータ 226

Topic 53 旅行の方法 228

Topic 54 有名人への質問 228

Topic 55 生徒が先生を評価するシステム 228

Topic 56 地球温暖化 228

Topic 57 メルセデス・ベンツ 230

Topic 58 プレゼント 230

Topic 59 レストラン 230

Topic 60 値切る 230

CDの収録内容

「**STAGE1〜3**」の
「　表現と語句を覚えよう　」は

CD 1のトラック1〜90に収録
1トラックに1ユニットを収録

「**STAGE1〜3**」の
「▶▶ 質問してみよう　」は

CD 2のトラック1〜45
1トラックに3ユニットを収録

「**STAGE4**」の
「実践演習：Topic 編」は

CD 2のトラック46〜60
1トラックに4トピックを収録

※ 6〜7ページ「本書の使い方」にCDを使用した学習の基本パターンを紹介してありますのでご参照ください。

STAGE 1
動詞編
Unit 1 〜 Unit 30

Let's

saw her yesterday

my computer ed

enjoyed talking

have finished

am eat

If I were a reporter,

STAGE1. Unit01

野球の試合に行こう

Let's go to the baseball game.

表現と語句を覚えよう

☐ 1) 野球の試合に行こう。
　　Let's (go) to the baseball game.
☐ 2) レストランで食べよう。
　　Let's (eat) at the restaurant.
☐ 3) 公園を歩こう。
　　Let's (walk) in the park.
☐ 4) 少し眠ろう。
　　Let's (sleep) for a while.
☐ 5) 一緒に勉強しよう。
　　Let's (study) together.

▶▶ 間違いがわかるようにしよう

☐ 1) 公園を歩こう。
　　Let's walking in the park. (walking → walk)
☐ 2) 野球の試合に行こう。
　　Let's going to the baseball game. (going → go)
☐ 3) 一緒に勉強しよう。
　　Let's studies together. (studies → study)
☐ 4) 少し眠ろう。
　　Let's slept for a while. (slept → sleep)
☐ 5) レストランで食べよう。
　　Let's eats at the restaurant. (eats → eat)

▶▶| 質問してみよう

質問の形：Shall we ～?＝～しましょうか

1) 公園を歩きましょうか。
   Shall we walk in the park?
   Yes. Let's walk in the park.
2) 野球の試合に行きましょうか。
   Shall we go to the baseball game?
   Yes. Let's go to the baseball game.
3) 一緒に勉強しましょうか。
   Shall we study together?
   Yes. Let's study together.
4) レストランで食べましょうか。
   Shall we eat at the restaurant?
   Yes. Let's eat at the restaurant.

▶▶| 文を書いてみよう

1) 家で食事をしましょう。
   Let's eat at home.
2) 駅まで歩きましょう。
   Let's walk to the station.
3) 少しジョギングしましょう。
   Let's jog for a while.

英文法のまとめ01

ルールを確認しよう　自動詞

walk や study のように動作を表すものを動詞と呼んでいます。これらの動詞は目的語など他の文の要素を必要とせず、自らが文を完成させる動詞なので自動詞と呼んでいます。

自動詞＋文の要素でなく前置詞（場所・状態を表す）

しかし、実際の場面ではこれらの動詞の後に、場所を表す語句 in the park（公園で）や状態を表す語句 together（一緒に）が続きます。したがって自動詞の後には前置詞（to, at など）が結びつくケースが多くなります。

・walk in the park（公園を歩く）
・eat at the restaurant（レストランで食べる）

STAGE1. Unit02

今すぐ彼女に連絡を取りましょう

Let's contact her right now.

表現と語句を覚えよう

☐ 1) 今すぐ彼女に連絡を取りましょう。
　　Let's (contact) her right now.
☐ 2) 一緒に試合を見ましょう。
　　Let's (watch) the game together.
☐ 3) 明日それについて話しましょう。
　　Let's (discuss) it tomorrow.
☐ 4) 明日彼の事務所を訪ねてみましょう。
　　Let's (visit) his office tomorrow.
☐ 5) 彼女の提案を十分検討しましょう。
　　Let's (consider) her suggestion.

▶▶ 間違いがわかるようにしよう

☐ 1) 明日それについて話しましょう。
　　Let's discuss about it tomorrow. (discuss about → discuss)
☐ 2) 明日彼の事務所を訪ねてみましょう。
　　Let's visit to his office tomorrow. (visit to → visit)
☐ 3) 彼女の提案を十分検討しましょう。
　　Let's consider about her suggestion. (consider about → consider)
☐ 4) 今すぐ彼女に連絡を取りましょう。
　　Let's contact with her right now. (contact with → contact)
☐ 5) 一緒に試合を見ましょう。
　　Let's watch at the game together. (watch at → watch)

▶▶ 質問してみよう

質問の形：Shall we 〜? ＝ 〜しましょうか

☐ 1) 明日それについて話しましょうか。
   Shall we discuss it tomorrow?
   Yes. Let's discuss it tomorrow.

☐ 2) 明日彼の事務所を訪ねてみましょうか。
   Shall we visit his office tomorrow?
   Yes. Let's visit his office tomorrow.

☐ 3) 彼女の提案を十分検討しましょうか。
   Shall we consider her suggestion?
   Yes. Let's consider her suggestion.

☐ 4) 今すぐ彼女に連絡を取りましょうか。
   Shall we contact her right now?
   Yes. Let's contact her right now.

▶▶ 文を書いてみよう

☐ 1) それについて彼女に聞いてみましょう。
   Let's ask her about it.

☐ 2) そのゲームを一緒にしましょう。
   Let's play the game together.

☐ 3) あとで彼に電話をしましょう。
   Let's call him later.

☐ 4) その問題を真剣に話し合いましょう。
   Let's discuss the problem seriously.

英文法のまとめ02

📄 ルールを確認しよう　他動詞

　動詞には、discus, watch などのように後ろに目的語（代名詞 it や名詞 the game）を必要とするものがあります。これらは目的語という他の要素を必要とする動詞なので他動詞と呼んでいます。他動詞には自動詞のように後ろに前置詞を必要としません。discuss about や watch at のような表現は間違いです。

動詞＋目的語⇒動詞は他動詞

STAGE1. Unit03

明日彼女に会います

I'll see her tomorrow.

表現と語句を覚えよう

- 1) 明日彼女に会います。
  I (will) (see) her tomorrow.
- 2) 明日それをします。
  I (will) (do) it tomorrow.
- 3) 明日それについてお話します。
  I (will) (talk) about it tomorrow.
- 4) 明日お金を払います。
  I (will) (pay) the money tomorrow.
- 5) 明日会議があります。
  I (will) (have) a meeting tomorrow.

▶▶▶ 間違いがわかるようにしよう

- 1) 明日それについてお話します。
  I will talking about it tomorrow. (will talking → will talk)
- 2) 明日会議があります。
  I will had a meeting tomorrow. (will had → will have)
- 3) 明日お金を払います。
  I pay the money tomorrow. (pay → will pay)
- 4) 明日彼女に会います。
  I saw her tomorrow. (saw → will see)
- 5) 明日それをします。
  I did it tomorrow. (did → will do)

▶▶ 質問してみよう

☐ 1) 明日それについてお話ししますか。
　　Will you talk about it tomorrow?
　　Yes. I will talk about it tomorrow.
☐ 2) 明日会議がありますか。
　　Will you have a meeting tomorrow?
　　Yes. I will have a meeting tomorrow.
☐ 3) 明日お金を払いますか。
　　Will you pay the money tomorrow?
　　Yes. I will pay the money tomorrow.
☐ 4) 明日彼女に会いますか。
　　Will you see her tomorrow?
　　Yes. I will see her tomorrow.

▶▶ 文を書いてみよう

☐ 1) 明日東京に行きます。
　　I will go to Tokyo tomorrow.
☐ 2) 明日彼を訪ねます。
　　I will visit him tomorrow.
☐ 3) 明日それについて彼女に聞きます。
　　I will ask her about it tomorrow.
☐ 4) 明日お電話します。
　　I will call you tomorrow.

英文法のまとめ03

📖 ルールを確認しよう　動詞の未来形　will ＋ 動詞

　未来を表すには動詞の前に will を置きます。will の後の動詞は原形になります。未来を表す表現 tomorrow（明日）、next week（来週）などと一緒に使いましょう。I will は I'll という形に短縮されて日常会話などでよく使われます。

　　　　　未来＝will＋動詞の原形（-ingや-edのつかない形）
　I will do it tomorrow → I'll do it tomorrow（私は明日それをします）

STAGE1. Unit04

私はヘルスクラブに入会するつもりです
I am going to join the health club.

表現と語句を覚えよう

CD1 04

☐ 1) 私はヘルスクラブに入会するつもりです。
 I (am) (going) (to) join the health club.
☐ 2) 彼はその仕事を辞めるつもりです。
 He (is) (going) (to) quit the job.
☐ 3) 彼女は彼と結婚するつもりです。
 She (is) (going) (to) marry him.
☐ 4) 私たちはそれを今日終わらせるつもりです。
 We (are) (going) (to) finish it today.
☐ 5) 彼らはここに滞在するつもりです。
 They (are) (going) (to) stay here.

▶▶ 間違いがわかるようにしよう

☐ 1) 私たちはそれを今日終わらせるつもりです。
 We are going finish it today. (are going → are going to)
☐ 2) 彼女は彼と結婚するつもりです。
 She are going to marry him. (are going to → is going to)
☐ 3) 彼はその仕事を辞めるつもりです。
 He going to quit the job. (going to → is going to)
☐ 4) 私はヘルスクラブに入会するつもりです。
 I going join the health club. (going join → am going to join)
☐ 5) 彼らはここに滞在するつもりです。
 They are go to stay here. (go to → going to)

▶▶ 質問してみよう

☐ 1) あなたがたはそれを今日終わらせるつもりですか。
Are you going to finish it today?
Yes. We are going to finish it today.

☐ 2) 彼女は彼と結婚するつもりですか。
Is she going to marry him?
Yes. She is going to marry him.

☐ 3) 彼はその仕事を辞めるつもりですか。
Is he going to quit the job?
Yes. He is going to quit the job.

☐ 4) あなたはヘルスクラブに入会するつもりですか。
Are you going to join the health club?
Yes. I am going to join the health club.

▶▶ 文を書いてみよう

☐ 1) 彼はパートの仕事を探すつもりです。
He is going to find a part-time job.

☐ 2) 彼女は来週引っ越すつもりです。
She is going to move next week.

☐ 3) 私たちはその提案を受け入れるつもりです。
We are going to accept the offer.

☐ 4) 彼らはその家を売るつもりです。
They are going to sell the house.

英文法のまとめ 04

ルールを確認しよう　未来形 be going to + 動詞

「〜するつもり」と未来のことを表したいときには be going to を動詞の前に置きます。be going to の be 動詞は主語によって形が変わります。

私→I am　私たち→we are　あなた→you are　あなた方→you are
彼→he is　彼女→she is　彼ら→they are
「〜するつもり」＝ be going to 〜（動詞の原形）

また、will と同様に be going to の後には動詞の原形（そのままの形）がきます。
I am going to join the health club.

STAGE1. unit05

私は昨日彼女を見ました

I saw her yesterday.

表現と語句を覚えよう

☐ 1) 私は昨日彼女を見ました。
   I (saw) her yesterday.
☐ 2) 私は昨日それについて話しました。
   I (talked) about it yesterday.
☐ 3) 私は昨日お金を払いました。
   I (paid) the money yesterday.
☐ 4) 私は昨日会議がありました。
   I (had) a meeting yesterday.
☐ 5) 私は昨日それをしました。
   I (did) it yesterday.

▶▶ 間違いがわかるようにしよう

☐ 1) 私は昨日お金を払いました。
   I pay the money yesterday. (pay → paid)
☐ 2) 私は昨日それについて話をしました。
   I am going to talk about it yesterday. (am going to talk → talked)
☐ 3) 私は昨日会議がありました。
   I will have a meeting yesterday. (will have → had)
☐ 4) 私は昨日彼女を見ました。
   I will see her yesterday. (will see → saw)
☐ 5) 私は昨日それをしました。
   I do it yesterday. (do → did)

▶▶▶ 質問してみよう

☐ 1) あなたは昨日お金を払いましたか。
Did you pay the money yesterday?
Yes. I paid the money yesterday.

☐ 2) あなたは昨日それについて話をしましたか。
Did you talk about it yesterday?
Yes. I talked about it yesterday.

☐ 3) あなたは昨日会議がありましたか。
Did you have a meeting yesterday?
Yes. I had a meeting yesterday.

☐ 4) あなたは昨日彼女を見ましたか。
Did you see her yesterday?
Yes. I saw her yesterday.

▶▶▶ 文を書いてみよう

☐ 1) 私は昨日ここに引っ越してきました。
I moved here yesterday.

☐ 2) 私は昨日メンバー全員に会いました。
I met all the members yesterday.

☐ 3) 私は昨日面接をしました。
I had an interview yesterday.

☐ 4) 私は昨日その授業をさぼってしまいました。
I cut the class yesterday.

英文法のまとめ05

ルールを確認しよう　動詞の過去形

　過去を表すには動詞の形を変えます。過去を表す形に変えた動詞を動詞の過去形と呼んでいます。動詞の過去形は2種類になります。

動詞の過去形⇒規則動詞（動詞＋ed）／不規則動詞（形が変わる）

1) 原形に規則的-edを付けるもの（talk→talked）
2) 動詞の形を変えるもの（do→did, see→saw, pay→paid, have→had）

　1)の形をとるものを規則動詞と呼び、2)の形をとるものを不規則動詞と呼んでいます。日常良く使われる動詞は不規則動詞が多いので、使うたびに1つずつ覚えていきましょう。

STAGE1. Unit06

彼女の友達はまだ大学生です

Her friend is still a college student.

表現と語句を覚えよう

☐ 1) 彼女の友達はまだ大学生です。
   Her friend (is) still a college student.
☐ 2) 鈴木さんは銀行に勤めています。
   Ms. Suzuki (works) for a bank.
☐ 3) 彼女と彼女の友達はアパートに一緒に住んでいます。
   She and her friend (live) together in an apartment.
☐ 4) 彼らのお母さんは同じ学校の先生をしています。
   Their mothers (are) both teachers at the same school.

▶▶ 間違いがわかるようにしよう

☐ 1) 彼らのお母さんは同じ学校の先生をしています。
   Their mothers is both teachers at the same school. (is → are)
☐ 2) 鈴木さんは銀行に勤めています。
   Ms. Suzuki work for a bank. (work → works)
☐ 3) 彼女と彼女の友達はアパートに一緒に住んでいます。
   She and her friend lives together in an apartment. (lives → live)
☐ 4) 彼女の友達はまだ大学生です。
   Her friend are still a college student. (are → is)

▶▶ 質問してみよう

☐ 1) 彼らのお母さんは同じ学校の先生をしていますか。
   Are their mothers both teachers at the same school?
   Yes. They are both teachers at the same school.
☐ 2) 鈴木さんは銀行に勤めていますか。
   Does Ms. Suzuki work for a bank?
   Yes. She works for a bank.

3) 鈴木さんと彼女の友達は一緒に住んでいますか。
Do Ms. Suzuki and her friend live together?
Yes. They live together.

4) 彼女の友達はまだ大学生ですか。
Is her friend still a college student?
Yes. She is still a college student.

▶▶ 文を書いてみよう

1) 私の友達と私は大学生です。
My friend and I are college students.

2) 私は新宿にあるアパートに住んでいます。
I live in an apartment in Shinjuku.

3) 私の友達は銀行に勤めています。
My friend works for a bank.

4) あなたの両親は高校で英語を教えていますか。
Do your parents teach English at high school?

英文法のまとめ06

📖 ルールを確認しよう　一般動詞とbe動詞：現在形

主語の数と一般動詞：主語が単数の時に(e)sをつける
My friend and I <u>study</u> English. → My friend <u>studies</u> English.
(私の友達と私は英語を勉強します)(私の友達は英語を勉強します)

主語の数とbe動詞：主語が複数のときはare, 単数のときはisを使う
My friend and I <u>are</u> teachers. → My friend <u>is</u> a teacher.
(私の友達と私は先生です)(私の友達は先生です)

一般動詞の疑問文：Do/Doesを使って作る
Do you live in Tokyo? Yes. I live in Tokyo.
(あなたは東京に住んでいますか)(はい、私は東京に住んでいます)
Does he live in Tokyo? Yes. He lives in Tokyo.
(彼は東京に住んでいますか)(はい、彼は東京に住んでいます)

be動詞の疑問文：主語と動詞をひっくり返して作る
Is she a teacher? Yes, she is a teacher.
(彼女は先生ですか)(はい、彼女は先生です)

STAGE1. Unit07

私は車に携帯電話を忘れてきた
I left my mobile phone in my car.

表現と語句を覚えよう

☐ 1) 私は車に携帯電話を忘れてきた。
　　I (left) my mobile phone in my car.
☐ 2) 鈴木さんは昨夜のパーティーを楽しみました。
　　Ms. Suzuki (enjoyed) the party last night.
☐ 3) 彼らは昨年の夏は大学生だった。
　　They (were) college students last summer.
☐ 4) 田中さんは今朝大変忙しかった。
　　Ms. Tanaka (was) very busy this morning.

▶▶ 間違いがわかるようにしよう

☐ 1) 彼らは昨年の夏は大学生だった。
　　They are college students last summer. (are → were)
☐ 2) 田中さんは今朝大変忙しかった。
　　Ms. Tanaka is very busy this morning. (is → was)
☐ 3) 私は車に携帯電話を忘れてきた。
　　I leave my mobile phone in my car. (leave → left)
☐ 4) 鈴木さんは昨夜のパーティーを楽しみました。
　　Ms. Suzuki enjoy the party last night. (enjoy → enjoyed)

▶▶ 質問してみよう

☐ 1) 彼らは昨年の夏は大学生でしたか。
　　Were they college students last summer?
　　Yes. They were college students last summer.
☐ 2) 田中さんは今朝大変忙しかったですか。
　　Was Ms. Tanaka very busy this morning?
　　Yes. She was very busy this morning.

3) あなたは車に携帯電話を忘れてきたのですか。
   Did you leave your mobile phone in your car?
   Yes. I left my mobile phone in my car.
4) 鈴木さんは昨夜のパーティーを楽しみましたか。
   Did Ms. Suzuki enjoy the party last night?
   Yes. She enjoyed the party last night.

▶▶ 文を書いてみよう

1) 私は去年大学生でした。
   I was a college student last year.
2) 私の父は銀行に勤めていました。
   My father worked for a bank.
3) 私の姉はその病院で看護師をしていました。
   My sister was a nurse at the hospital.
4) 彼らは女優と歌手でした。
   They were an actress and a singer.

英文法のまとめ07

ルールを確認しよう　一般動詞とbe動詞の過去形

be動詞の過去形：単数の主語は was、複数の主語は were を使う

一般動詞の過去形：規則動詞の場合は語尾に(e)dをつける

live – lived（住む）、like – liked（好む）、work – worked（働く）など。

不規則動詞の場合は形を変える

teach – taught（教える）、buy – bought（買う）、run – ran（経営する）など。

be動詞の疑問文：主語と動詞を入れ替える

She was tired. → Was she tired?
They were teachers. → Were they teachers?

一般動詞の疑問文：Didで文を始めて動詞を原形にする

I worked for a bank? → Did you work for a bank?
He bought a pen. → Did he buy a pen?

STAGE1. unit08

あなたへのメッセージがあります
There is a message for you.

表現と語句を覚えよう

☐ 1) あなたへのメッセージがあります。
　　(There) (is) a message for you.
☐ 2) ガレージに車が1台入っています。
　　(There) (is) a car in the garage.
☐ 3) 机の上にコンピュータが2台あります。
　　(There) (are) two computers on the desk.
☐ 4) 壁に時計が1つ掛かっています。
　　There is (a) (clock) on the wall.
☐ 5) 箱には多くの本が入っています。
　　There are (many) (books) in the box.

▶▶ 間違いがわかるようにしよう

☐ 1) 机の上にコンピュータが2台あります。
　　There is two computers on the desk. (is → are)
☐ 2) あなたへのメッセージがあります。
　　There are a message for you. (are → is)
☐ 3) ガレージに車が1台入っています。
　　There is the car in the garage. (the → a)
☐ 4) 壁に時計が1つ掛かっています。
　　There are a clock on the wall. (are → is)
☐ 5) 箱には多くの本が入っています。
　　There is many books in the box. (is → are)

▶▶ 質問してみよう

☐ 1) 机の上にコンピュータが2台ありますか。
　　Are there two computers on the desk?

Yes. There are two computers on the desk.

☐ 2) 私へのメッセージがありますか。
Is there a message for me?
Yes. There is a message for you.

☐ 3) ガレージに車が1台入っていますか。
Is there a car in the garage?
Yes. There is a car in the garage.

☐ 4) 壁に時計が1つ掛かっていますか。
Is there a clock on the wall?
Yes. There is a clock on the wall.

▶▶ 文を書いてみよう

☐ 1) 駅の近くに大きなホテルがあります。
There is a big hotel near the station.

☐ 2) その工場には多くの労働者がいました。(労働者 = worker)
There were many workers in the factory.

☐ 3) 昨夜大きな地震がありました。(地震 = earthquake)
There was a big earthquake last night.

☐ 4) 今日は訪問者が多かった。
There were many visitors today.

英文法のまとめ 08

ルールを確認しよう　There is/are ～

「～(主語)がある」は There is a ～ / There are ～s を使って表します。主語が単数のときは There is a ～を使い、複数のときは There are ～s を使います。

「～(主語)がある」＝ There is a ～/ There are ～s

There is a car in the garage. (ガレージに車が1台入っています)
There are many cars in the garage. (ガレージに多くの車が入っています)

There is 構文は普通場所を表す語句を伴います。あるいは、その代わりをするものを使うこともできます。

There was a big earthquake last night. (昨晩大きな地震があった)
主語になるのは不特定の名詞です。
There is a car in the garage. (ガレージに車が1台入っています)
× There is the car in the garage.

STAGE1. Unit09

私は今朝食を食べています

I am eating breakfast now.

表現と語句を覚えよう

1) 私は今朝食を食べています。
   I (am) (eating) breakfast now.
2) 彼は今電話で話をしています。
   He (is) (talking) on the phone now.
3) 彼女は今英語を勉強しています。
   She (is) (studying) English now.
4) 私は今メールを送っています。
   I (am) (sending) an e-mail now.
5) 彼らは今サッカーの試合を見ています。
   They (are) (watching) a soccer game now.

▶▶ **間違いがわかるようにしよう**

1) 彼らは今サッカーの試合を見ています。
   They watch a soccer game now. (watch → are watching)
2) 私は今メールを送っています。
   I sending an email now. (sending → am sending)
3) 彼は今電話で話しています。
   He is talked on the phone now. (talked → talking)
4) 私は今朝食を食べています。
   I am eat breakfast now. (eat → eating)
5) 彼女は今英語を勉強しています。
   She are studying English now. (are → is)

▶▶ **質問してみよう**

1) 彼らは今サッカーの試合を見ていますか。
   Are they watching a soccer game now?

Yes. They are watching a soccer game now.

☐ 2) あなたは今メールを送っていますか。
Are you sending an e-mail now?
Yes. I am sending an e-mail now.

☐ 3) 彼は今電話で話をしていますか。
Is he talking on the phone now?
Yes. He is talking on the phone now.

☐ 4) あなたは今朝食を食べていますか。
Are you eating breakfast now?
Yes. I am eating breakfast now.

▶▶ 文を書いてみよう

☐ 1) 私は今手紙を書いています。
I am writing a letter now.

☐ 2) 彼女はいま日本語を勉強しています。
She is studying Japanese now.

☐ 3) 彼は今彼の友達と話をしています。
（友達と話をする = talk with his friend）
He is talking with his friend now.

☐ 4) 私たちは今野球の試合を見ています。
We are watching a baseball game now.

英文法のまとめ 09

📄 ルールを確認しよう　現在進行形

「〜している」という現在の動作の進行を表すには、現在進行形を使います。現在進行形は「be 動詞＋〜 ing」の形になります。動詞に〜 ing をつける場合は、原形（もとのままの形）につけます。

〜している（進行形）＝ be 動詞＋動詞 ing（〜）

I am studying English now.（私は今英語を勉強しています）
She is studying English now.（彼女は今英語を勉強しています）
We are studying English now.（私たちは今英語勉強しています）

STAGE1. Unit10

私はその時テレビを見ていました
I was watching TV then.

表現と語句を覚えよう

☐ 1) 私はその時テレビを見ていました。
　I (was) (watching) TV then.
☐ 2) 彼はその時本を読んでいました。
　He (was) (reading) a book then.
☐ 3) 彼女はその時部屋を掃除していました。
　She (was) (cleaning) her room then.
☐ 4) 彼らはその時テレビゲームをしていました。
　They (were) (playing) a TV game then.
☐ 5) 私たちはその時車を運転していました。
　We (were) (driving) a car then.

▶▶ **間違いがわかるようにしよう**

☐ 1) 私はその時シャワーを浴びていました。
　I am taking a shower then. (am → was)
☐ 2) 私はその時外で遊んでいました。
　I were playing outside then. (ware → was)
☐ 3) 彼はその時電話をしていました。
　He was talk on the phone then. (talk → talking)
☐ 4) 彼女はその時部屋の掃除をしていました。
　She cleaning the room then. (cleaning → was cleaning)
☐ 5) 彼らはその時その問題の討議をしていました。
　They was discuss the problem then.
　　　　　　　　　(was discuss → were discussing)

▶▶ **質問してみよう**

☐ 1) あなたはその時シャワーを浴びていましたか。

Were you taking a shower then?
Yes. I was taking a shower then.

2) あなたはその時外で遊んでいましたか。
Were you playing outside then?
Yes. I was playing outside then.

3) 彼はその時電話をしていましたか。
Was he talking on the phone then?
Yes. He was talking on the phone then.

4) 彼女はその時部屋の掃除をしていましたか。
Was she cleaning the room then?
Yes. She was cleaning the room then.

▶▶ 文を書いてみよう

1) 私はその時食事をしていました。
I was eating dinner then.

2) 私はその時お風呂に入っていました。
I was taking a bath then.

3) 彼はその時バスを待っていました。
He was waiting for a bus then.

4) 私たちはその時報告書を書いていました。
We were writing reports then.

英文法のまとめ10

ルールを確認しよう　過去進行形

「〜していた」という過去の動作の進行を表すには、過去進行形を使います。形は「be動詞の過去＋〜ing」です。動詞に〜ingをつける場合は、原形（もとのままの形）につけます。

〜していた＝be動詞の過去形＋動詞ing（〜）

I was studying English then.（私はその時英語を勉強していました）
She was studying English then.（彼女はその時英語を勉強していました）
We were studying English then.（私たちはその時英語を勉強していました）

STAGE1. Unit11

私は今朝から具合が悪い

I have been sick since this morning.

表現と語句を覚えよう

☐ 1) 私は今朝から具合が悪い。
  I (have) (been) sick since this morning.
☐ 2) 私は彼女を長い間知っています。
  I (have) (known) her for a long time.
☐ 3) 私たちは中学以来の友達です。
  We (have) (been) friends since junior high school.
☐ 4) 私はその車が長い間欲しかった。
  I (have) (wanted) the car for a long time.
☐ 5) 私は高校の時からそれに興味を持っていた。
  I (have) (been) interested in it since high school days.

▶▶ 間違いがわかるようにしよう

☐ 1) 私は彼女を高校の時から知っています。
  I have know her since high school. (know → known)
☐ 2) 彼らは高校以来の友達です。
  They were friends since high school. (were → have been)
☐ 3) 私は長い間この車に興味を持っていた。
  I has be interested in the car for a long time. (has be → have been)
☐ 4) 私は今朝から具合が悪い。
  I am sick since this morning. (am → have been)

▶▶ 質問してみよう

☐ 1) あなたは彼女を高校の時から知っているのですか。
  Have you known her since high school?
  Yes. I have known her since high school.
☐ 2) 彼らは高校以来の友達ですか。

Have they been friends since high school?
Yes. They have been friends since high school.

3) あなたは長い間この車に興味を持っていましたか。
Have you been interested in the car for a long time?
Yes. I have been interested in the car for a long time.

4) あなたは今朝から具合が悪いのですか。
Have you been sick since this morning?
Yes. I have been sick since this morning.

▶▶ 文を書いてみよう

1) 私は昨日から具合が悪いです。
I have been sick since yesterday.

2) 私はその事実を長い間知っていました。
I have known the fact for a long time.

3) 彼らは大学以来の友達です。
They have been friends since college.

英文法のまとめ 11

ルールを確認しよう　現在完了形：継続

「ずっと～している」という過去のあるときから現在にいたるまでの期間での状態の継続を表すには、現在完了形を使います。現在完了形の形は「have ＋～ ed」。have 動詞は主語の数により形を変えます。主語が複数なら have 、単数なら has になります。

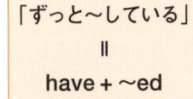

「ずっと～している」
＝
have + ～ed

過去のあるとき ——— 現在 ——→ 時間
　　　　　現在完了形：継続

She/He has been sick.
They have been sick. *I も have を使用します：I have been sick.
have の後にくる動詞は過去分詞になります。動詞は次のように変化します：

原形	過去	過去分詞	
be	was / were	been	(～である)
want	wanted	wanted	(望む)
know	knew	known	(知っている)

I have known more than ten years.（私は彼とは10年以上の知り合いです）

STAGE1. Unit12

今ちょうどそれを終えたところです
I have just finished it.

表現と語句を覚えよう

CD1 12

☐ 1) 私はちょうどそれを終えたところです。
I (have) just (finished) it.

☐ 2) 私はちょうど報告書を書き終えたところです。
I (have) just (written) the report.

☐ 3) 私はちょうど彼にメールを送ったところです。
I (have) just (sent) an e-mail to him.

☐ 4) 彼女はちょうどその本を読んだところです。
She (has) just (read) the book.

☐ 5) 彼はちょうど旅行から戻ったところです。
He (has) just (returned) from the trip.

▶▶ 間違いがわかるようにしよう

☐ 1) 私はちょうどメールを送ったところです。
I have just send an email. (send → sent)

☐ 2) 私はちょうど報告書を書き終えたところです。
I wrote just the report. (wrote just → have just written)

☐ 3) 彼はちょうど旅行から戻ったところです。
He have just return from the trip.
(have just return → has just returned)

☐ 4) 私はちょうどそれを終えたところです。
I am just finish it. (am just finish → have just finished)

☐ 5) 彼女はちょうどその本を読んだところです。
She just reads the book. (just reads → has just read)

▶▶ 質問してみよう

CD2 06

☐ 1) あなたはちょうど彼にメールを送ったところですか。

Have you just sent an e-mail to him?

Yes. I have just sent an e-mail to him.

2) あなたはちょうど報告書を書いたところですか。

Have you just written the report?

Yes. I have just written the report.

3) 彼はちょうど旅行から戻ったところですか。

Has he just returned from the trip?

Yes. He has just returned from the trip.

4) あなたはちょうどそれを終えたところですか。

Have you just finished it?

Yes. I have just finished it.

▶▶ 文を書いてみよう

1) 私はちょうどそれを食べ終えました。(〜し終わる = finish 〜ing)

I have just finished eating it.

2) 私はちょうどキャンパスを案内したところです。

I have just given a tour of the campus.

3) 彼はちょうど車を洗い終えたところです。(車を洗う = wash the car)

He has just washed the car.

4) 私はちょうどその本を注文したところです。

I have just ordered the book.

英文法のまとめ12

ルールを確認しよう　現在完了形：完了

「ちょうど〜した・し終えた」という動作の完了は、have ＋〜 ed という現在完了形を使って表します。have 動詞は主語が複数なら have、単数なら has になります。扱う期間は過去のある時から現在にいたるまでで、今この時点で動作が完了したことを強調します。

| 「ちょうど〜した・し終えた」 |
| ＝ |
| have + 〜ed |

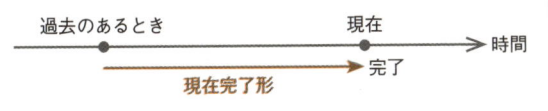

過去のあるとき　　現在　　　時間
　　　　　　現在完了形　　　完了

He has just washed the car.
(彼はちょうど車を洗い終えたところです)
We have just finished an English lesson.
(私たちはちょうど英語のレッスンを終えたところです)

STAGE1. Unit13

彼女は面接したことがありません
She has not had an interview.

表現と語句を覚えよう

1) 彼女は面接をしたことがありません。
   She (has) not (had) an interview.
2) 私はそこを数回訪ねたことがあります。
   I (have) (visited) there several times.
3) 私はまだ海外に行ったことがありません。
   I (have) never (been) abroad.
4) 私は1度だけ富士山に登ったことがあります。
   I (have) (climbed) Mt. Fuji just once.
5) 私はディズニーランドへは5回以上行っています。
   I (have) (been) to Disneyland more than five times.

▶▶ **間違いがわかるようにしよう**

1) 私は1度だけ富士山に登ったことがあります。
   I have climb Mt. Fuji just once. (climb → climbed)
2) 彼女はこれまで面接をしたことがありません。
   She have never have an interview. (have never have → has never had)
3) 私はまだ海外に行ったことがありません。
   I never be abroad. (never be → have never been)
4) 私はディズニーランドへは5回以上行っています。
   I have went to Disneyland more than five times. (went → been)
5) 私はそこを数回訪ねたことがあります。
   I have visit there several times. (visit → visited)

▶▶ **質問してみよう**

1) 富士山に登ったことがありますか。
   Have you climbed Mt. Fuji?

Yes. I have climbed Mt. Fuji just once.

☐ 2) 彼女はこれまで面接をしたことがありますか。
Has she ever had an interview?
No. She has never had an interview.

☐ 3) あなたは海外に行ったことがありますか。
Have you been abroad?
No. I have never been abroad.

☐ 4) ディズニーランドへは行ったことがありますか。
Have you been to Disneyland?
Yes. I have been to Disneyland more than five times.

▶▶▌ 文を書いてみよう

☐ 1) 私は京都を2回訪ねています。
I have visited Kyoto twice.

☐ 2) 彼女は西海岸を旅したことがあります。
She has traveled the West Coast.

☐ 3) 私は口論したことがありません。
I have never had an argument.

☐ 4) 彼はその試験を5回以上受けています。
He has taken the test more than five times.

英文法のまとめ 13

ルールを確認しよう　現在完了形：経験

「（これまでに）～したことがある」という経験は、現在完了形を使って表します。完了や継続を表す現在完了と同じく、この用法はこれまでに経験したことを強調して述べます。

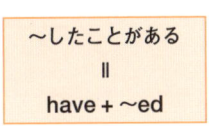

～したことがある
＝
have + ～ed

過去のあるとき　　現在　　時間
現在完了形　　経験

経験を強調するために疑問文で ever（これまでに）や平叙文で never（決してない）がよく使われます。

Have you ever tried it?
（あなたはこれまでにそれを試したことがありますか）
I have never tried it.
（私はそれを試したことがありません）

STAGE1. Unit14

彼が窓を壊した

He has broken the window.

表現と語句を覚えよう

1) 彼が窓を壊した（その結果今壊れている）。
   He (has) (broken) the window.
2) 私は腕時計をなくしてしまった（その結果今持っていない）。
   I (have) (lost) my watch.
3) 彼女はロンドンに行ってしまった（その結果今ここにいない）。
   She (has) (gone) to London.
4) 雨がやんだ（その結果今雨は降っていない）。
   The rain (has) (stopped).
5) 私はお金を全部使ってしまった（その結果今一銭もない）。
   I (have) (used) all the money.

▶▶ 間違いがわかるようにしよう

1) 彼女はロンドンに行ってしまった。
   She has went to London. (went → gone)
2) 私はお金を全部使ってしまった。
   I having spent all the money. (having → have)
3) 私は腕時計をなくしてしまった。
   I was lost my watch. (was → have)
4) 彼が窓を壊した。
   He has break the window. (break → broken)
5) 雨がやんだ。
   The rain are stopped. (are → has)

▶▶ 質問してみよう

1) 彼女はロンドンに行ってしまったのですか。
   Has she gone to London?

completed!

Yes. She has gone to London.

☐ 2) あなたはそのお金を全部使ってしまったのですか。

Have you spent all the money?

Yes. I have spent all the money.

☐ 3) あなたは腕時計をなくしてしまったのですか。

Have you lost your watch?

Yes. I have lost my watch.

☐ 4) 彼が窓を壊したのですか。

Has he broken the window?

Yes. He has broken the window.

▶▶▶ 文を書いてみよう

☐ 1) 誰かが私の車を壊した。

Someone has wrecked my car.

☐ 2) 私は私の携帯電話をなくしてしまった。(私の携帯電話 = my cell phone)

I have lost my cell phone.

☐ 3) 彼はボストンに行ってしまいました。

He has gone to Boston.

☐ 4) 彼女はそのケーキを全部食べてしまいました。

She has eaten all the cake.

英文法のまとめ 14

📖 ルールを確認しよう　現在完了形：結果

「～した（その結果）」という動作の結果は、現在完了形を使って表します。現在完了形の形は「have ＋～ed」。have 動詞は主語の数により、複数なら have、単数なら has になります。扱う期間は過去のある時から現在にいたるまでで、行われた動作の結果が今どうなっているのかを強調します。

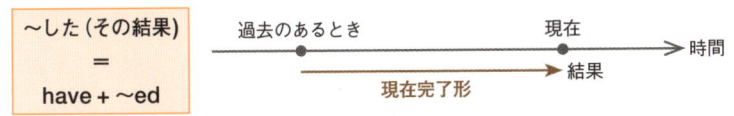

| ～した（その結果）
＝
have ＋ ～ed | 過去のあるとき ──────── 現在 ──→ 時間
　　　　　現在完了形 → 結果 |

The sun has risen.（太陽が昇った「その結果明るくなっている」）
I have lost weight.（私は体重が減った「その結果少しやせた」）
We have solved all the problems.
（私たちはその問題をすべて解決した「その結果今はなんの問題もない」）

STAGE1・Unit15

私は25年間英語を教えています
I have been teaching English for 25 years.

表現と語句を覚えよう

☐ 1) 私は25年間英語を教えています。
　　I (have) (been) (teaching) English for 25 years.

☐ 2) 私は今朝からずっと部屋の掃除をしています。
　　I (have) (been) (cleaning) my room since this morning.

☐ 3) 私は去年から英会話を学んでいます。
　　I (have) (been) (learning) English conversation since last year.

☐ 4) 彼女は小学校からからテニスをしています。
　　She (has) (been) (playing) tennis since elementary school.

☐ 5) 昨晩から雨が降り続いています。
　　It (has) (been) (raining) since last night.

▶▶ 間違いがわかるようにしよう

☐ 1) 彼女は小学校からテニスをしています。
　　She is playing tennis since elementary school.
　　　　　　　　　　　(is playing → has been playing)

☐ 2) 私は25年間英語を教えています。
　　I was teaching English for 25 years.
　　　　　　　　　　　(was teaching → have been teaching)

☐ 3) 私は今朝からずっと部屋の掃除をしています。
　　I have cleaned my room since this morning.
　　　　　　　　　　　(cleaned → been cleaning)

☐ 4) 私は去年から英会話を学んでいます。
　　I been learning English conversation since last year.
　　　　　　　　　　　(been learning → have been learning)

☐ 5) 昨晩から雨が降り続いています。
　　It has raining since last night. (has raining → has been raining)

▶▶ 質問してみよう

☐ 1) 彼女は小学校からテニスをしていますか。
Has she been playing tennis since elementary school?
Yes. She has been playing tennis since elementary school.

☐ 2) あなたは25年間英語を教えていますか。
Have you been teaching English for 25 years?
Yes. I have been teaching English for 25 years.

☐ 3) あなたは今朝からずっと部屋の掃除をしていますか。
Have you been cleaning your room since this morning?
Yes. I have been cleaning my room since this morning.

☐ 4) あなたは去年から英会話を学んでいますか。
Have you been learning English conversation since last year?
Yes. I have been learning English conversation since last year.

▶▶ 文を書いてみよう

☐ 1) 昨日から雪が降り続いています。
It has been snowing since yesterday.

☐ 2) 彼は小学校からゴルフをしてきています。
He has been playing golf since elementary school.

☐ 3) 私は5年間英会話を習っています。
I have been learning English conversation for five years.

☐ 4) 彼は今朝から車の修理をしています。(車を修理する＝repair the car)
He has been repairing the car since this morning.

英文法のまとめ15

ルールを確認しよう　現在完了進行形

「ずっと〜している」という進行している動作の継続は、現在完了進行形を使って表します。形は「have been ＋〜ing」。継続の期間は since 〜や for 〜を使って表します。

ずっと〜している＝have been + 〜ing

It has been raining since yesterday.
（昨日から雨が降り続いています）
It has been raining for two days.
（2日間雨が降り続いています）

STAGE1. Unit16

私は彼女に無視された
I was ignored by her.

表現と語句を覚えよう

☐ 1) 私は彼女に無視された。
　　I (was) (ignored) by her.
☐ 2) 私は先生にしかられた。
　　I (was) (scolded) by my teacher.
☐ 3) 私はパーティーに招待された。
　　I (was) (invited) to the party.
☐ 4) 彼女は友達に好かれている。
　　She (is) (liked) by her friends.
☐ 5) 彼はみんなに尊敬されている。
　　He (is) (respected) by everybody.

▶▶ 間違いがわかるようにしよう

☐ 1) 彼はみんなに尊敬されている。
　　He is respect by everybody. (respect → respected)
☐ 2) 私は彼女に無視された。
　　I has ignored by her. (has → was)
☐ 3) 私はパーティーに招待された。
　　I was inviting to the party. (inviting → invited)
☐ 4) 彼女は友達に好かれている。
　　She liked by her friends. (liked → is liked)
☐ 5) 私は先生にしかられた。
　　I scold by my teacher. (scold → was scolded)

▶▶ 質問してみよう

☐ 1) 彼はみんなに尊敬されていますか。
　　Is he respected by everybody?

Yes. He is respected by everybody.
2) あなたは彼女に無視されたのですか。
Were you ignored by her?
Yes. I was ignored by her.
3) あなたはパーティーに招待されましたか。
Were you invited to the party?
Yes. I was invited to the party.
4) 彼女は友達に好かれていますか。
Is she liked by her friends?
Yes. She is liked by her friends.

▶▶ 文を書いてみよう

1) 私は先生にほめられた。（ほめられる = be praised）
I was praised by my teacher.
2) 私は結婚式に招待された。
I was invited to the wedding.
3) 彼女は上司に好かれている。（上司 = one's boss）
She is liked by her boss.
4) 彼はチームのメンバーに尊敬されている。
He is respected by his team members.

英文法のまとめ16

ルールを確認しよう　受動態(受身)

「～される・されている」を表すには、受動態（受身）を使います。受動態の形は「be +～ed」。行為者は by ～で表しますが、はっきりと示す必要がない場合は省略されます。

(によって)～された＝be + ～ed + by

We were ignored by her.
（私たちは彼女に無視された）
He was ignored by her, too.
（彼も彼女に無視された）
However, we are invited to her wedding.
（しかし私たちは彼女の結婚式に招待されている）

STAGE1 Unit 17

君にメールを送るよ
I'll send you a email.

表現と語句を覚えよう

☐ 1) 君にメールを送るよ。
I'll send (you) (an) (e-mail).

☐ 2) 君に電話をするよ。
I'll give (you) (a) (call).

☐ 3) 君にコンピュータゲームを買ってあげる。
I'll buy (you) (a) (computer) (game).

☐ 4) 君に昼食を作ってあげる。
I'll fix (you) (lunch).

☐ 5) 君に辞書を貸してあげる。
I'll lend (you) (a) (dictionary).

▶▶ 間違いがわかるようにしよう

☐ 1) 君に電話をするよ。
I'll do you a call. (do → give)

☐ 2) 君にコンピュータゲームを買ってあげる。
I'll buy a computer game you.
(a computer game you → you a computer game)

☐ 3) 君にメールを送るよ。
I'll send an e-mail you. (an e-mail you → you an e-mail)

☐ 4) 君に昼食を作ってあげる。
I'll fix lunch you. (lunch you → you lunch)

☐ 5) 君に辞書を貸してあげる。
I'll borrow you a dictionary. (borrow → lend)

▶▶ 質問してみよう

質問の形：will you 〜? = 〜していただけますか

1) 塩を取っていただけますか。（〜に塩をとってあげる = pass 〜 the salt）
   Will you pass me the salt?
   All right. I'll pass you the salt.

2) 手伝っていただけますか。（〜を手伝う = give 〜 a hand）
   Will you give me a hand?
   All right. I'll give you a hand.

3) お願いがあるのですが。（〜にお願いする = do 〜 a favor）
   Will you do me a favor?
   All right. I will do you a favor.

4) 電話していただけますか？（〜に電話する = give 〜 a call）
   Will you give me a call?
   All right. I'll give you a call.

▶▶ 文を書いてみよう

1) 君にファックスを送るよ。（ファックス = a fax）
   I'll send you a fax.

2) 君に僕の自転車を貸してあげるよ。
   I'll lend you my bicycle.

3) 君にアドバイスをあげるよ。（〜にアドバイスする = give 〜 some advice）
   I'll give you some advice.

4) 君に近道を教えてあげるよ。（〜に近道を教える = show 〜 the shortcut）
   I'll show you the shortcut.

英文法のまとめ17

ルールを確認しよう　第4文型の動詞

人と物の両方を目的語にとる動詞があります。give がその代表で、give（人）（物）のパターンになります。目的語を2つとる動詞でできた文は第4文型と呼ばれます。最初の「人」を「間接目的語」、その後の「物」を「直接目的語」と呼びます。

第4文型＝SV＋O（人／間接目的語）＋O（物／直接目的語）

I will give you a call. (君に電話をするよ)

STAGE1. Unit18

私はあなたにプレゼントを買ってあげる
I will buy a present for you.

表現と語句を覚えよう

□ 1) 私はあなたにプレゼントを買ってあげる。
　　I will (buy)(you) a present. ⇒ I will (buy) a present (for) you.
□ 2) 私は彼に本をあげた。
　　I (gave) (him) a book. ⇒ I (gave) a book (to) him.
□ 3) 私は彼女にメールを送った。
　　I (sent) (her) an e-mail. ⇒ I (sent) an e-mail (to) her.
□ 4) 私は彼にセーターを作ってあげた。
　　I (made) (him) a sweater. ⇒ I (made) a sweater (for) him.
□ 5) 私は彼らに日本料理を作ってあげた。
　　I (cooked)(them) a Japanese dish. ⇒ I (cooked) a Japanese dish (for) them.

▶▶ 間違いがわかるようにしよう

□ 1) 私は彼にセーターを作ってあげた。
　　I made a sweater to him. (to → for)
□ 2) 私は彼女にメールを送った。
　　I sent an e-mail for her. (for → to)
□ 3) 私はあなたにプレゼントを買ってあげる。
　　I'll buy a present to you. (to → for)
□ 4) 私は彼らに日本料理を作ってあげた。
　　I cooked a Japanese dish to them. (to → for)
□ 5) 私は彼に本をあげた。
　　I gave a book for him. (for → to)

▶▶ 質問してみよう

□ 1) あなたは彼にセーターを作ってあげましたか。

Did you make a sweater for him?
Yes. I made a sweater for him.

☐ 2) あなたは彼女にメールを送りましたか。
Did you send an e-mail to her?
Yes. I sent an e-mail to her.

☐ 3) あなたは私にプレゼントを買ってくれますか。
Will you buy a present for me?
Yes. I'll buy a present for you.

☐ 4) あなたは彼らに日本料理を作ってあげましたか。
Did you cook a Japanese dish for them?
Yes. I cooked a Japanese dish for them.

▶▶ 文を書いてみよう

☐ 1) 私は彼にCDを買ってあげました。
I bought him a CD. / I bought a CD for him.

☐ 2) 私は彼女に花を贈った。
I sent her flowers. / I sent flowers to her.

☐ 3) 私は彼女にアドレス帳を作ってあげた。（アドレス帳 = an address book）
I made her an address book. / I made an address book for her.

☐ 4) 私は彼らにフランス料理を作ってあげた。
I cooked them a French dish. / I cooked a French dish for them.

英文法のまとめ 18

📖 ルールを確認しよう　第3文型の文

　第4文型の文「S V O（人）（物）」は物を先に出して第3文型の文「SV（物）（人）」にすることができますが、その際に人の前に前置詞の to か for が必要になります。for をとるのは「手間、暇、お金をかけてわざわざ～してあげる」というニュアンスを持つ動詞（make, cook, buy）になります。その他の動詞は to をとります。

「人に」「物を」買ってあげる＝buy「物」for「人」

I cooked him spaghetti. ⇒ I cooked spaghetti for him.
（私は彼にスパゲッティを料理してあげた）
I'll buy you a camera. ⇒ I'll buy a camera for you.
（私はあなたにカメラを買ってあげる）
I sent her a picture postcard. ⇒ I sent a picture postcard to her.
（私は彼女に絵葉書を送った）

STAGE1 Unit19

私は彼にコンピュータを修理してもらいます
I'll have him fix the computer.

表現と語句を覚えよう

CD1 19

☐ 1) 私は彼にコンピュータを修理してもらいます。
I'll have (him) (fix) the computer.

☐ 2) 私は彼に書類を調べてもらいます。
I'll have (him) (check) the documents.

☐ 3) 私は彼女に彼と連絡を取るように頼みます。
I will ask (her) (to) (contact) him.

☐ 4) 私はあなたにそれをすぐにしてもらいたい。
I want (you) (to) (do) it right away.

☐ 5) 彼女は彼に予約のキャンセルを頼んだ。
She asked (him) (to) (cancel) the reservation.

▶▶ 間違いがわかるようにしよう

☐ 1) 私はあなたにそれをすぐにしてもらいたい。
I want you do it right away. (do → to do)

☐ 2) 私は彼女に彼と連絡を取るように頼みます。
I will ask her contact him. (contact → to contact)

☐ 3) 彼女は彼に予約のキャンセルを頼んだ。
She asked him cancel the reservation. (cancel → to cancel)

☐ 4) 私は彼にコンピュータを修理してもらいます。
I'll have him to fix the computer. (to fix → fix)

☐ 5) 私は彼に書類を調べてもらいます。
I'll have him to check the documents. (to check → check)

▶▶ 質問してみよう

CD2 10

☐ 1) あなたは私にそれをすぐしてもらいたいのですか。
Do you want me to do it right away?

Yes. I want you to do it right away.
2) 彼女に彼と連絡を取るように頼みますか。
Will you ask her to contact him?
Yes. I'll ask her to contact him.
3) 彼女は彼に予約のキャンセルを頼みましたか。
Did she ask him to cancel the reservation?
Yes. She asked him to cancel the reservation.
4) あなたは彼にコンピュータを修理してもらいますか。
Will you have him fix the computer?
Yes. I'll have him fix the computer.

▶▶▶ 文を書いてみよう

1) 彼に車を洗ってもらいます。
I'll have him wash the car.
2) 彼にエンジンを調べてもらいます。（エンジン = the engine）
I'll have him check the engine.
3) 私はあなたにすぐに出発してもらいたい。（出発する = start）
I want you to start right away.
4) 彼女は彼にもう10分待つように頼んだ。
（もう10分待つ = wait ten more minutes）
She asked him to wait ten more minutes.

英文法のまとめ 19

ルールを確認しよう　第5文型の文

第5文型の文 「ＳＶＯ［人］Ｃ［動詞］」のＶには have/make/let などの使役動詞と呼ばれるものがくる場合とその他の一般の動詞（ask, want, など）がくる場合があります。使役動詞がきた場合は目的語「人」の後のＣ［動詞］が原形になります。その他の一般の動詞がきた場合には to 不定詞 (to ～) になります。

「人に」～をさせる：have「人」～（動詞の原形）
「人に」～することを頼む：ask「人」to ～

I had her do it.（私は彼女にそれをしてもらった）
→I asked her to do it.（私は彼女にそれをするように頼んだ）
I let her do it.（私は彼女にそれをさせてあげた）
→I wanted her to do it.（私は彼女にそれをしてもらいたかった）

STAGE1. Unit20

私はコンピュータを修理してもらった
I had my computer fixed.

表現と語句を覚えよう

CD1 20

☐ 1) 私はコンピュータを修理してもらった。
　　I had (my) (computer) (fixed) .
☐ 2) 私は髪を切ってもらった。
　　I had (my) (hair) (cut).
☐ 3) 私は私の名前が呼ばれるのを聞いた。
　　I heard (my) (name) (called).
☐ 4) 私はそれをすぐにしてもらった。
　　I got (it) (done) right away.
☐ 5) 私は英語が通じなかった（英語で自分を理解してもらえなかった）。
　　I couldn't make (myself) (understood) in English.

▶▶ 間違いがわかるようにしよう

☐ 1) 私は私の名前が呼ばれるのを聞いた。
　　I heard my name call. (call → called)
☐ 2) 私は髪を切ってもらった。
　　I had my hair cutting. (cutting → cut)
☐ 3) 私は英語が通じなかった。
　　I couldn't make myself to understand in English.
　　　　　　　　　　　　　(to understand → understood)
☐ 4) 私はコンピュータを修理してもらった。
　　I had my computer to fix. (to fix → fixed)

▶▶ 質問してみよう

CD2 10

☐ 1) あなたはあなたの名前が呼ばれるのを聞きましたか。
　　Did you hear your name called.
　　Yes. I heard my name called.

☐ 2) あなたは髪を切ってもらいましたか。
Did you have your hair cut?
Yes. I had my hair cut.

☐ 3) あなたは英語が通じなかったですか。
Couldn't you make yourself understood in English?
No. I couldn't make myself understood in English.

☐ 4) あなたはコンピュータを修理してもらいましたか。
Did you have your computer fixed?
Yes. I had my computer fixed.

▶▶ 文を書いてみよう

☐ 1) 私は携帯電話を修理してもらいました。
I had my cell phone repaired.

☐ 2) 私は友達が外国人に話しかけられるのを見ました。(外国人 = foreigner／話しかける = speak to)
I saw my friend spoken to by a foreigner.

☐ 3) 私はビザを更新してもらいました。
I had my visa renewed.

☐ 4) 私は私の提案を受け入れてもらえなかった。(受け入れる = accept／提案 = suggestion)
I couldn't make my suggestion accepted.

英文法のまとめ20

📄 ルールを確認しよう　第5文型の文

第5文型の文 「SVO「物」C「~ ed」」＝「物を~してもらう」のVには have/make などの使役動詞とその他の一般の動詞（see, hear など）をとりますが、どちらもC（補語）の位置には過去分詞「~ ed」がきます。

第5文型の文＝S＋V（使役動詞had, letなど）＋O（目的語）＋C（過去分詞）

I had my car repaired.（私は車を修理してもらった）
I heard my name called.（私は私の名前が呼ばれるを聞いた）

STAGE1 Unit21

あなたとのお話楽しかったです
I enjoyed talking with you.

表現と語句を覚えよう

☐ 1) あなたとのお話楽しかったです。
   I (enjoyed) (talking) with you.
☐ 2) 私はその本を読み終えました。
   I (finished) (reading) the book.
☐ 3) 彼女はその試験を受けるのを避けている。
   She (avoids) (taking) the test.
☐ 4) 彼は彼女を待ち続けました。
   He (kept) (waiting) for her.
☐ 5) 彼女はそのお金を受け取ったことを否定しました。
   She (denied) (receiving) the money.

▶▶ 間違いがわかるようにしよう

☐ 1) 彼女はそのお金を受け取ったことを否定しました。
   She denied to receive the money. (to receive → receiving)
☐ 2) あなたとのお話楽しかったです。
   I enjoyed talk with you. (talk → talking)
☐ 3) 彼は彼女を待ち続けました。
   He keep wait for her. (keep wait → kept waiting)
☐ 4) 彼女はその試験を受けるのを避けている。
   She avoids to take the test. (to take → taking)
☐ 5) 私はその本を読み終えた。
   I finished to read the book. (to read → reading)

▶▶ 質問してみよう

☐ 1) 彼女はそのお金を受け取ったことを否定しましたか。
   Did she deny taking the money?
   Yes. She denied taking the money.

☐ 2) 彼女とのお話楽しかったですか。
   Did you enjoy talking with her?
   Yes. I enjoyed talking with her.

☐ 3) 彼は彼女を待ち続けましたか。
   Did he keep waiting for her?
   Yes. He kept waiting for her.

☐ 4) 彼女はその試験を受けるのを避けていますか。
   Does she avoid taking the test?
   Yes. She avoids taking the test.

▶▶ 文を書いてみよう

☐ 1) 私はあなたとのテニスを楽しみました。
   I enjoyed playing tennis with you.

☐ 2) 彼はその事件に関わったことを否定した。
   (その事件にかかわる＝ be involved in the case)
   He denied being involved in the case.

☐ 3) 彼は1時間走り続けた。
   He kept running for an hour.

☐ 4) 彼女は彼女の仕事に関して話すことを避けている。
   She avoids talking about her job.

英文法のまとめ21

ルールを確認しよう　動名詞を目的語にとる第3文型

第3文型（SVO）をとる動詞では、目的語に動名詞（〜ing）をとるか、不定詞（to〜）をとるかは動詞によって決まります。動名詞をとる代表的な動詞は enjoy 〜 ing（〜することを楽しむ）、finish 〜 ing（〜し終える）、deny 〜 ing（〜したことを否定する）、keep 〜 ing（〜し続ける）、avoid 〜 ing（〜することを避ける）になります。

「〜すること」を楽しむ＝enjoy「〜ing」

I enjoyed talking with you.（私はあなたとのお話を楽しみました）
He kept talking with her.（彼は彼女と話し続けた）

STAGE1 Unit22

私はあなたとお話ししたいのです
I want to talk with you.

表現と語句を覚えよう

CD1 22

☐ 1) 私はあなたとお話ししたいです。
　　I (want) (to) (talk) with you.
☐ 2) 私はその本を読むつもりです。
　　I (intend) (to) (read) the book.
☐ 3) 彼女はその試験を受けるのを拒否した。
　　She (refused) (to) (take) the test.
☐ 4) 彼は彼女を待つ約束をしました。
　　He (promised) (to) (wait) for her.
☐ 5) 彼女はそのお金を明日受け取ることを期待している。
　　She (expects) (to) (receive) the money tomorrow.

▶▶ 間違いがわかるようにしよう

☐ 1) 彼女はそのお金を明日受け取ることを期待している。
　　She expects receiving the money tomorrow.
　　　　　　　　　　　　　　(receiving → to receive)
☐ 2) 彼は彼女を待つ約束をしました。
　　He promised wait for her. (wait → to wait)
☐ 3) 彼女はその試験を受けるのを拒否した。
　　She refused taking the test. (taking → to take)
☐ 4) 私はあなたとお話したいです。
　　I want talk with you. (talk → to talk)
☐ 5) 私はその本を読むつもりです。
　　I intend reading the book. (reading → to read)

▶▶ 質問してみよう

☐ 1) 彼女はそのお金を明日受け取ることを期待していますか。
　　Does she expect to receive the money tomorrow?
　　Yes. She expects to receive the money tomorrow.

☐ 2) 彼は彼女を待つ約束をしましたか。
　　Did he promise to wait for her?
　　Yes. He promised to wait for her.

☐ 3) 彼女はその試験を受けることを拒絶しましたか。
　　Did she refuse to take the test?
　　Yes. She refused to take the test.

☐ 4) あなたは私と話したいですか。
　　Do you want to talk with me?
　　Yes. I want to talk with you.

▶▶ 文を書いてみよう

☐ 1) 私はあなたと一緒に行きたい。
　　I want to go with you.

☐ 2) 私はここにとどまるつもりです。
　　I intend to stay here.

☐ 3) 彼は明日戻ることを約束した。（明日戻る = return tomorrow）
　　He promised to return tomorrow.

☐ 4) 彼女は長い休暇を取ることを期待している。
　　She expects to take a long vacation.

英文法のまとめ 22

ルールを確認しよう　不定詞を目的語にとる第3文型の動詞

　第3文型（SVO）を作る動詞が、目的語に動名詞（〜ing）をとるか、不定詞（to〜）をとるかは決まっています。不定詞は「これからすること」を表しますので、**不定詞をとる代表的な動詞**は want to 〜（〜したい）、refuse to 〜（〜することを拒否する）、intend to 〜（〜したいと思う）、expect to 〜（〜することを期待する）、promise to 〜（〜することを約束する）。

「〜」したい＝want「to 〜」

I **want to play** tennis with you.（私はあなたとテニスをしたい）
He **refused to go** with her.（彼は彼女と一緒に行くことを拒否した）

STAGE1.unit23

私は車の運転の仕方を知りません

I don't know how to drive a car.

表現と語句を覚えよう

CD1 23

☐ 1) 私は車の運転の仕方を知りません。
　　I don't know (how) (to) (drive) a car.
☐ 2) 私は何をしてよいのかわかりません。
　　I don't know (what) (to) (do).
☐ 3) 私はなんと言ったらよいのかわかりません。
　　I don't know (what) (to) (say).
☐ 4) 私はそのゲームの仕方を知りません。
　　I don't know (how) (to) (play) the game.
☐ 5) 私はコンピュータの使い方を知りません。
　　I don't know (how) (to) (use) the computer.

▶▶ 間違いがわかるようにしよう

☐ 1) 私はコンピュータの使い方を知りません。
　　I don't know how use the computer. (how use → how to use)
☐ 2) 私はなんと言ったらよいのかわかりません。
　　I don't know how to say. (how → what)
☐ 3) 私は何をしてよいのかわかりません。
　　I don't know to do what. (to do what → what to do)
☐ 4) 私は車の運転の仕方を知りません。
　　I don't know what drive a car. (what drive → how to drive)
☐ 5) 私はそのゲームの仕方を知りません。
　　I don't know to play the game. (to play → how to play)

▶▶ 質問してみよう

CD2 12

☐ 1) あなたはコンピュータの使い方を知っていますか。

completed!

Do you know how to use the computer?
No. I don't know how to use the computer.

☐ 2) あなたはなんと言ったらよいかわかりますか。
Do you know what to say?
No. I don't know what to say.

☐ 3) あなたは何をしたらよいのかわかりますか。
Do you know what to do?
No. I don't know what to do.

☐ 4) あなたは車の運転の仕方を知っていますか。
Do you know how to drive a car?
No. I don't know how to drive a car.

▶▶ 文を書いてみよう

☐ 1) 私はメールの送り方がわかりません。
I don't know how to send an e-mail.

☐ 2) 私はその料理の仕方がわかりません。
I don't know how to cook it.

☐ 3) 私ははしの使い方を知りません。
I don't know how to use chopsticks.

☐ 4) 私はパーティーに何を着たらよいのかわかりません。
（パーティーのために着る＝wear for the party）
I don't know what to wear for the party.

英文法のまとめ23

ルールを確認しよう　「疑問詞＋to不定詞」を目的語にとる第3文型の動詞

第3文型（SVO）の目的語に「疑問詞＋to不定詞」をとる場合があります。この構文に使われる代表的な動詞は、このレッスンで学んだknowですが、その他にlearn（習う）などがよく使われます。

「～の仕方」を知っている＝know 疑問詞how＋to不定詞（～）
I know how to drive a car.（私は車の運転の仕方を知っています）
I learned how to drive a car.（私は車の運転の仕方を学びました）

STAGE1. Unit24

私はなぜ君がそれをしたかわかります

I understand why you did that.

表現と語句を覚えよう　　　　　　　　　　　　　　CD1 24

☐ 1) 私はなぜ君がそれをしたかわかります。
I understand (why) (you) (did) that.

☐ 2) 私は彼が何をしたのか知っています。
I know (what) (he) (did).

☐ 3) 私は彼女が何を欲しいのかわかりません。
I don't know (what) (she) (wants).

☐ 4) 私は彼がいつ戻ったのか覚えています。
I remember (when) (he) (returned).

☐ 5) 私は彼女がどのようにそれを使ったのか覚えていません。
I don't remember (how) (she) (used) it.

▶▶| 間違いがわかるようにしよう

☐ 1) 私は彼女がそれをどのように使ったのか覚えていません。
I don't remember how to use her. (how to use her → how she used it)

☐ 2) 私は彼がいつ戻ったのか覚えています。
I remember when did he return. (did he return → he returned)

☐ 3) 私はなぜ君がそれをしたかわかります。
I understand how you did that. (how → why)

☐ 4) 私は彼が何をしたのか知っています。
I know what did he do. (did he do → he did)

☐ 5) 私は彼女が何を欲しいのか知りません。
I don't know she wants. (she wants → what she wants)

▶▶| 質問してみよう　　　　　　　　　　　　　　　　CD2 12

☐ 1) あなたは彼女がそれをどのように使ったのか覚えていますか。
Do you remember how she used it?

No. I don't remember how she used it.

☐ 2) あなたは彼がいつ戻ったのか覚えていますか。
Do you remember when he returned?
No. I don't remember when he returned.

☐ 3) あなたはなぜ私がそれをしたかわかりますか。
Do you understand why I did that?
Yes. I understand why you did that.

☐ 4) あなたは彼が何をしたか知っていますか。
Do you know what he did?
Yes. I know what he did.

▶▶ 文を書いてみよう

☐ 1) 私は彼が何を言ったのか覚えています。
I remember what he said.

☐ 2) 私は彼女がどこに住んでいるかわかりません。
I don't know where she lives.

☐ 3) 私は彼女がなぜそれをしたいのかわかりません。
I don't know why she wants to do it.

☐ 4) 私は彼女がなぜそれを提案したのか理解しています。（提案する = propose）
I understand why she proposed it.

英文法のまとめ24

📄 ルールを確認しよう 「疑問詞＋SV」を目的語にとる第3文型の動詞

　第3文型（SVO）の目的語に「疑問詞＋SV」の名詞節をとる場合があります。これは疑問文が文の中に組み込まれた形です。しかし、疑問文をそのまま文に組み込むことはできません。語順を変える必要があります。その語順は「疑問詞＋SV」になります。すなわち、疑問詞のあとは普通の文の語順になります。

「彼女がどこに住んでいるか」を文に組み込む語順＝where she lives

Where does she live?　［疑問文］
（彼女はどこに住んでいますか）

I don't know where she lives.
（私は彼女がどこに住んでいるか知りません）

STAGE1. Unit25

私は君が試験に受かることを祈っています

I hope that you will pass the test.

表現と語句を覚えよう　CD1 25

☐ 1) 私は君が試験に受かることを祈っています。
　　 I hope (that) (you) (will) (pass) the test.
☐ 2) 私は彼女が正しいと思います。
　　 I think (that) (she) (is) right.
☐ 3) 私は彼女は正直だと思います。
　　 I think (that) (she) (is) honest.
☐ 4) 私は彼は先生をしていたと思います。
　　 I believe (that) (he) (was) a teacher.
☐ 5) 私は彼女が今日遅刻してきたことを知っています。
　　 I know (that) (she) (came) late today.

▶▶ **間違いがわかるようにしよう**

☐ 1) 私は彼は先生をしていたと思います。
　　 I believe that he is a teacher. (is → was)
☐ 2) 私は君が試験に受かることを祈ってます。
　　 I hope of you will pass the test. (of → that)
☐ 3) 私は彼女が今日遅刻してきたことを知っています。
　　 I know that she come late today. (come → came)
☐ 4) 私は彼女は正直だと思います。
　　 I think she being honest. (she being → that she is)
☐ 5) 私は彼女が正しいと思います。
　　 I think about she is right. (about → that)

▶▶ **質問してみよう**　CD2 13

☐ 1) あなたは彼は先生をしていたと思いますか。
　　 Do you think that he was a teacher?

Yes. I think that he was a teacher.

☐ 2) あなたは私が試験に受かることを祈っていますか。
Do you hope that I will pass the test?
Yes. I hope that you will pass the test.

☐ 3) あなたは彼女が今日遅刻して来たことを知っていますか。
Do you know that she came late today?
Yes. I know that she came late today.

☐ 4) あなたは彼女は正直だと思いますか。
Do you think that she is honest?
Yes. I think that she is honest.

▶▶ 文を書いてみよう

☐ 1) 私は彼女は勤勉だと思います。
I think that she is diligent.

☐ 2) 私は彼は医者をしていたと思います。
I believe that he was a doctor.

☐ 3) 私は彼女が試験を受けなかったことを知っています。
（試験を受ける = take the test）
I know that she didn't take the test.

☐ 4) 私はあなたが成功することを祈っています。（成功する = succeed）
I hope that you will succeed.

英文法のまとめ 25

📄 ルールを確認しよう 「that＋SV」を目的語にとる第3文型の動詞

第3文型（SVO）の目的語に「that ＋ SV」の名詞節をとる場合があります。that 節の中は文（SV）になります。この that は口語ではよく省略されます。

「〜（文）」を祈る＝hope「that 〜(SV)」

I think (that) she is honest.
（私は彼女は正直だと思います）
I hope (that) you will succeed.
（私はあなたが成功することを祈っています）

STAGE1. Unit26

私がしてきたことを決して後悔しません

I never regret what I have done.

表現と語句を覚えよう

☐ 1) 私がしてきたことを決して後悔しません。
   I never regret (what) (I) (have) (done).
☐ 2) 私はあなたが言ったことを覚えています。
   I remember (what) (you) (said).
☐ 3) 私は私がパーティーでしたことを後悔しています。
   I regret (what) (I) (did) at the party.
☐ 4) 私が知っていることをお伝えします。
   I'll tell you (what) (I) (know).
☐ 5) 私は君に君が必要としているものを与えます。
   I'll give you (what) (you) (need).

▶▶ **間違いがわかるようにしよう**

☐ 1) 私が知っていることをお伝えします。
   I'll tell you what I knowing. (knowing → know)
☐ 2) 私は私がパーティーでしたことを後悔しています。
   I regret what did at the party. (did → I did)
☐ 3) 私がしてきたことを決して後悔しません。
   I never regret that I have done. (that → what)
☐ 4) 私はあなたが言ったことを覚えています。
   I remember you said. (you said → what you said)
☐ 5) 私は君に君が必要としているものを与えます。
   I'll give you that need you. (that need you → what you need)

▶▶ 質問してみよう

1) あなたはあなたが知っていることを私に伝えてくれますか。
   Will you tell me what you know?
   Yes. I'll tell you what I know.
2) あなたはあなたがパーティーでしたことを後悔していますか。
   Do you regret what you did at the party?
   Yes. I regret what I did at the party.
3) あなたはあなたがしてきたことを後悔していますか。
   Do you regret what you have done?
   No. I never regret what I have done.
4) あなたは私が言ったことを覚えていますか。
   Do you remember what I said?
   Yes. I remember what you said.

▶▶ 文を書いてみよう

1) 私はあなたが私にしてくれたことを決して忘れません。（決して忘れない＝ **never forget**)
   I never forget what you have done for me.
2) 私は彼女が私に話したことを覚えています。
   I remember what she told me.
3) 彼女はそのことについて彼女が知っていることを私に伝えてくれた。
   She told me what she knew about it.
4) 私は彼女が会議で言ったことを覚えていません。
   I don't remember what she said in the meeting.

英文法のまとめ26

ルールを確認しよう 「what＋SV」を目的語にとる第3文型の動詞

第3文型（SVO）の目的語に「what + SV」の名詞節をとる場合があります。この what は「〜すること・するもの」という意味を表す関係代名詞の what と呼ばれるものです。

「SがVすること」はわかります＝I know「what SV」

I know what you mean. (あなたがおっしゃりたいことはわかります)
I'll never forget what you have done for me.
(あなたが私にしてくれたことを決して忘れません)

STAGE1. Unit 27

私は私のやり方でそれをします
I will do it my way.

表現と語句を覚えよう

☐ 1) 私は私のやり方でそれをします。
　　I (will) do it my way.
☐ 2) 私は今それをすることができます。
　　I (can) do it now.
☐ 3) 私は今日それをしなければなりません。
　　I (must) do it today.
☐ 4) 私はそれを1人ですべきでしょう。
　　I (should) do it by myself.
☐ 5) あなたは彼に助けを求めてもよいです。
　　You (may) ask him for help.

▶▶ **間違いがわかるようにしよう**

☐ 1) 私は今日それをしなければなりません。
　　I may do it today. (may → must)
☐ 2) 私はそれを1人ですべきでしょう。
　　I can do it by myself. (can → should)
☐ 3) 私は私のやり方でそれをします。
　　I should do it my way. (should → will)
☐ 4) 私は今それをすることができます。
　　I will do it now. (will → can)

▶▶ **質問してみよう**

☐ 1) あなたは今日それをしなければなりませんか。
　　Must you do it today?
　　Yes. I must do it today.

☐ 2) あなたはそれを1人ですべきですか。
　　 Should you do it by yourself?
　　 Yes. I should do it myself.
☐ 3) あなたはあなたのやり方でそれをしますか。
　　 Will you do it your way?
　　 Yes. I will do it my way.
☐ 4) あなたは今それをすることができますか。
　　 Can you do it now?
　　 Yes. I can do it now.

▶▶ 文を書いてみよう

☐ 1) 私は全力を尽くします。（全力を尽くす = do one's best）
　　 I will do my best.
☐ 2) 彼女は私を手伝ってくれるかも知れません。
　　 She may help me.
☐ 3) 今すぐ彼に電話をすべきです。（今すぐ = right now）
　　 You should call him right now.
☐ 4) 彼は今日それを終えなければなりません。
　　 He must finish it today.

英文法のまとめ 27

ルールを確認してみよう　代表的な助動詞

　動詞の直前に置かれて、動詞にいろいろな意味を付加するものを助動詞と呼んでいます。助動詞は動詞と違って主語によって形を変えることはありません。また、助動詞の後にくる動詞は常に原形になります。代表的な助動詞を紹介します。

助動詞＋動詞の原形

- can【能力、可能】「できる」
  I can do it alone.（私はそれを1人でできます）
- will【意思】「する」
  I will do it alone.（私はそれを1人でします）
- must【義務】「しなければならない」
  I must do it alone.（私はそれを1人でしなければならない）
- should【拘束力のない義務】「すべきだ」
  You should do it alone.（あなたはそれを1人ですべきです）
- may【許可・可能】「してよい」
  You may do it alone.（あなたはそれを1人でやってよい）

STAGE1. Unit28

彼女はアメリカ人に違いない

She must be an American.

表現と語句を覚えよう

1) 彼女はアメリカ人に違いない。
   She (must) (be) an American.
2) あなたは彼にその話をすべきです。
   You (should) (tell) him the story.
3) あなたは彼にその話をすべきでした。
   You (should) (have) (told) him the story.
4) 私は不注意だったかもしれない。
   I (may) (have) (been) careless.

▶▶ **間違いがわかるようにしよう**

1) あなたは彼にその話をすべきでした。
   You should have tell him the story. (tell → told)
2) 彼女はアメリカ人に違いない。
   She must is an American. (is → be)
3) 私は不注意だったかもしれない。
   I may be careless. (be → have been)
4) あなたは彼にその話をすべきです。
   You should telling him the story. (telling → tell)

▶▶ **質問してみよう**

1) 私は彼にその話をすべきでしたか。
   Should I have told him the story?
   Yes. You should have told him the story.
2) 彼女はアメリカ人ですか。
   Is she an American?
   Yes. She must be an American.

3) あなたは不注意だったかもしれませんね。
   May you have been careless?
   Yes. I may have been careless.
4) 私は彼にその話をすべきですか。
   Should I tell him the story?
   Yes. You should tell him the story.

▶▶ 文を書いてみよう

1) 彼は大学教授に違いない。（大学教授 = a college professor）
   He must be a college professor.
2) 私は間違っているかもしれません。（間違っている = be mistaken）
   I may be mistaken.
3) 彼女は寝坊したに違いない。（寝坊する = oversleep）
   She must have overslept.
4) 私は列車に携帯電話を忘れてしまったかもしれない。
   （置き忘れる = leave）
   I may have left my cell phone on the train.

英文法のまとめ28

ルールを確認しよう　推量の助動詞

助動詞には推量を表す用法もあります。助動詞によって推量の確実性が多少異なってきます。must が最も強く、may はかなり弱くなります。

> It must be ～：～に違いない
> It may be ～：～かもしれない

It **must be** true.（それは真実に違いない）
It **may be** true.（それは真実かもしれない）
過去の推量を表す場合は、must/may have + ～ ed の形を使用します。
It **must have been** true.（それは真実だったに違いない）
It **may have been** true.（それは真実だったかもしれない）
また、should have been の形を取ると（～すべきだった「のにしなかった」）の意味になります。
I **should have done** it.（私はそれすべきであったのに「しなかった」）

STAGE1. Unit29

もし私が記者ならば、

If I were a reporter, I wouldn't report on it.

もし私が記者ならば、それを記事にしないだろう

表現と語句を覚えよう

CD1
29

☐ 1) もし私が記者ならば、それは記事にしないだろう。
　　If I (were) a reporter, I (would) not report on it.

☐ 2) もし私があなたならば、同じことをするでしょう。
　　If I (were) you, I (would) do the same.

☐ 3) もし私が具合が悪くなければ、お手伝いできるのだが。
　　If I (were) not ill, I (could) help you.

☐ 4) もし私が金持ちなら、浪費はしないでしょう。
　　If I (were) rich, I (would) not waste money.

▶▶ 間違いがわかるようにしよう

☐ 1) もし私があなたならば、同じことをするでしょう。
　　If I were you, I do the same. (do → would do)

☐ 2) もし私が金持ちなら、浪費はしないでしょう。
　　If I would be rich, I would not waste money. (would be → were)

☐ 3) もし私が記者ならば、それは記事にしないだろう。
　　If I were a reporter, I will not report on it. (will → would)

☐ 4) もし私が疲れていなければ、喜んでお手伝いするのだが。
　　If I may not be tired, I would help you. (may not be → were not)

▶▶ 質問してみよう

CD2
15

☐ 1) もしあなたが私ならば、同じことをするでしょうか。
　　If you were me, would you do the same?
　　Yes. If I were you, I would do the same.

☒ 2) もしあなたが金持ちなら、浪費はしないでしょうか。
   If you were rich, would you not waste money?
   No. If I were rich, I would not waste money.
☒ 3) もしあなたが記者ならば、それは記事にしないだろうか。
   If you were a reporter, would you not report on it.
   No. If I were a reporter, I would not report on it.
☒ 4) もしあなたが疲れていなければ、喜んで手伝いをするだろうか。
   If you were not tired, would you help me?
   Yes. If I were not tired, I would help you.

▶▶ 文を書いてみよう

☒ 1) もし私があなたなら、大学に応募するのだが。
   If I were you, I would apply for university.
☒ 2) もし金持ちならその家を買うのだが。
   If I were rich, I would buy the house.
☒ 3) もし若ければ、そのボランティア団体に加入するのだが。(ボランティア団体に加入する = join the volunteer group)
   If I were young, I would join the volunteer group.
☒ 4) もしその本がもっとやさしければ、もっと多くの人が読むでしょうに。
   If the book were easier, more people would read it.

英文法のまとめ29

📄 ルールを確認しよう　仮定法過去

　事実をありのままに述べる直説法に対して、「もし～ならば」と仮定して述べる方法を仮定法といいます。直説法と仮定法を見極めやすくするために、現在における仮定をするとき現在形でなく、過去形を使います。この用法を仮定法過去と呼んでいます。仮定法はその用法とともに形をしっかりと覚えることが大切です。

「もし～ならば、――なのに」
If 主語 {were/動詞の過去}, 主語 {would/could} 動詞の原形

「もし金持ちならば、その家を買えるのだが」
If I were rich, I could buy the house.
= As I am not rich, I can not buy the house.
　（金持ちでないので、その家を買えない）

STAGE1. Unit30

もし私があなただったら、

If I had been you, I would have done the same.

もし私があなただったら、同じことをしたでしょう

表現と語句を覚えよう

☐ 1) もし私があなただったなら、同じことをしたでしょう。
If I (had) (been) you, I (would) (have) (done) the same.

☐ 2) もし私が具合悪くなかったなら、お手伝いできたのだが。
If I (had) not (been) ill, I (could) (have) (helped) you.

☐ 3) もし私が金持ちだったなら、浪費はしなかったでしょう。
If I (were) (been) rich, I (would) not (have) (wasted) money.

☐ 4) もし私が記者だったなら、それは記事にしなかっただろう。
If I (had) (been) a reporter, I (would) not (have) (reported) on it.

▶▶ 間違いがわかるようにしよう

☐ 1) もし私が記者だったならば、それは記事にしなかっただろう。
If I had been a reporter, I would not report on it.
(would not report → would not have reported)

☐ 2) もし私が金持ちだったなら、浪費はしなかったでしょう。
If I would have been rich, I would not have wasted money.
(would have been → had been)

☐ 3) もし私があなただったならば、同じことをしたでしょう。
If I have been you, I would have done the same.
(have been → had been)

☐ 4) もし私が具合悪くなかったならば、お手伝いできたのだが。
If I had not ill, I could have helped you. (had not → had not been)

▶▶ 質問してみよう

- 1) もしあなたが記者だったならば、それは記事にしなかっただろうか。
    If you had been a reporter, would you not have reported on it?
    No. If I had been a reporter, I would not have reported on it.
- 2) もしあなたが金持ちだったなら、浪費はしなかったでしょうか。
    If you had been rich, would you not have wasted money?
    No. If I had been rich, I would not have wasted money.
- 3) もしあなたが私だったならば、同じことをしたでしょうか。
    If you had been me, would you have done the same?
    Yes. If I had been you, I would have done the same.
- 4) もしあなたが具合悪くなかったならば、手伝いができただろうか。
    If you had not been ill, could you have helped me?
    Yes. If I had not been ill, I could have helped you.

▶▶ 文を書いてみよう

- 1) もし私があなただったなら、そのようにはしなかったでしょう。
    If I had been you, I would not have done so.
- 2) もし私が金持ちだったならば、その家を買っていたのだが。
    If I had been rich, I would have bought the house.
- 3) もし私がもう少し注意したならば、その事故を避けることができたのに。
    If I had been more careful, I could have avoided the accident.

英文法のまとめ30
ルールを確認しよう　仮定法過去完了

現在の事実に反する仮定には仮定法過去を使いましたが、過去の事実に反する仮定には、仮定法過去完了を使います。

「もし~だったならば、~だったのだが」
If 主語 {had been ~}, 主語 {would/could} have ~ed

「もし金持ちだったならば、その家を買えたのだが」
If I had been rich, I could have bought the house.
= As I was not rich, I could not buy the house
　（金持ちでなかったので、その家を買えなかった）

STAGE 2
名詞編
Unit 31 〜 Unit 60

a cup of coffee

a job to do tonight

a wine which I like

a big red car

a large number of people

a camera made in Japan

STAGE2. Unit31

ここでは携帯電話は使えます
You can use a cell phone here.

表現と語句を覚えよう

☐ 1) ここでは携帯電話は使えます。
 You can use (a) (cell) (phone) here.

☐ 2) 時間は限られています。
 (Time) is limited.

☐ 3) コンピュータは利用できません。
 (Computers) are not available.

☐ 4) それは無料です。
 It is free of (charge).

☐ 5) それに関する情報はあまり多くありません。
 There isn't much (information) about it.

▶▶ 間違いがわかるようにしよう

☐ 1) それに関する情報は限られています。
 The informations about it is limited. (informations → information)

☐ 2) 私たちはあまり時間がありません。
 We don't have many times. (many times → much time)

☐ 3) ここでは携帯電話は使えます。
 You can use cell phone here. (cell phone → a cell phone)

☐ 4) このサービスには少し料金が掛かります。
 You must pay small charge for this service.
　　　　　　　　　　　　　(small charge → a small charge)

☐ 5) この試験ではコンピュータを使用できます。
 You can use computer in this test. (computer → a computer)

▶▶ 質問してみよう

☐ 1) それに関する情報は限られていますか。

completed!

<u>Is the information about it limited?</u>
Yes. The information about it is limited.

☐ 2) 時間はたくさんありますか。
<u>Do you have much time?</u>
No. I don't have much time.

☐ 3) ここでは携帯電話は使えますか。
<u>Can I use a cell phone here?</u>
Yes. You can use a cell phone here.

☐ 4) このサービスには少し料金が掛かりますか。
<u>Must I pay a small charge for this service?</u>
Yes. You must pay a small charge for this service.

▶▶ 文を書いてみよう

☐ 1) 今日はあまり時間がありません。
<u>I don't have much time today.</u>

☐ 2) 私は毎日コンピュータを使います。
<u>I use computers every day.</u>

☐ 3) 電車内での携帯電話のご使用はご遠慮ください。
<u>Please refrain from using cell phones on the train.</u>

☐ 4) そのソフトは無料で手に入れることができます。
（ソフトを手に入れる = get the software）
<u>You can get the software free of charge.</u>

英文法のまとめ31

ルールを確認しよう　数えられる名詞・数えられない名詞

名詞は、数えられる名詞（countable）と数えられない名詞（uncountable）の2種類に大きく分けられます。辞書を引くと名詞にC/Uの記号がつけられています。Cはcountable、Uはuncountableの頭文字です。数えられない名詞の場合は単数・複数は存在しませんが、数えられる名詞はaをつけて単数、-sをつけて複数であることを示さなければなりません。

数えられる名詞＝不定冠詞aをつけて単数、-sを付けて複数
a computer/computers（コンピュータ）、a cell phone/cell phones（携帯電話）

数えられない名詞＝単数・複数は存在しない
knowledge（知識）、information（情報）

C/U両方に使われる名詞
free of charge（無料）、a small charge（少しの料金）

STAGE2. Unit32

あなたに1つアドバイスがあります

I have a piece of advice to you.

表現と語句を覚えよう

☐ 1) あなたに1つアドバイスがあります。
   I have (a) (piece) (of) advice for you.

☐ 2) 1つの重要情報を持っています。
   I have (a) (piece) (of) important information.

☐ 3) 荷物が2つあります。
   I have (two) (pieces) (of) baggage.

☐ 4) 私は家具を3つ買いました。
   I bought (three) (pieces) (of) furniture.

☐ 5) 面白いニュースが1つあります。
   I have (a) (piece) (of) interesting news.

▶▶ 間違いがわかるようにしよう

☐ 1) それに関する情報をいくつか持っています。
   I have several informations about it.
   　　　　　(several informations → several pieces of information)

☐ 2) 荷物が1つ見当たりません。
   A baggage is missing. (A baggage → A piece of baggage)

☐ 3) 私はいくつか忠告を与えられました。
   I was given some advices. (some advices → some pieces of advice)

☐ 4) 多くの家具が失われました。
   Many furnitures were lost.
   　　　　　(Many furnitures → Many pieces of furniture)

☐ 5) 驚くべきニュースが2つあります。
   I have two surprising news for you.
   　　　　　(two surprising news → two pieces of surprising news)

▶▶ 質問してみよう

1) それに関する情報をいくつか持っていますか。
   Do you have several pieces of information about it?
   Yes. I have several pieces of information about it.

2) 荷物が1つ見当たりませんか。
   Is a piece of baggage missing?
   Yes. A piece of baggage is missing.

3) あなたはいくつか忠告を与えられましたか。
   Were you given some pieces of advice?
   Yes. I was given some pieces of advice.

4) 多くの家具が失われましたか。
   Were many pieces of furniture lost?
   Yes. Many pieces of furniture were lost.

▶▶ 文を書いてみよう

1) 私は彼女に1つ忠告をしました。
   I gave her a piece of advice.

2) 彼は多くの重要情報を持っています。
   He has many pieces of important information.

3) この部屋にはもう1つ家具が必要です。
   We need another piece of furniture in this room.

4) 私は荷物を2つ預けました。（預ける = check）
   I checked two pieces of baggage.

英文法のまとめ32

ルールを確認しよう　数えられない名詞を数える

数えられない名詞（uncountable noun）を数えるには piece of を使用します。動詞は piece の数に合わせます。代表的な数えられない名詞を挙げると、information（情報）、baggage（荷物）、advice（アドバイス）、furniture（家具）、news（ニュース）があります。

×a baggage、baggages
⇒ ○ a piece of baggage、○ two pieces of baggage

A piece of baggage is missing.（荷物が1つ見当たりません）
Two pieces of baggage are missing.（荷物が2つ見当たりません）

STAGE2. Unit33

コーヒーを１杯いただきたいのです

I would like to have a cup of coffee.

表現と語句を覚えよう

CD1 33

☐ 1) コーヒーを１杯いただきたいです。
　　I would like to have (a) (cup) (of) coffee.

☐ 2) 朝食に食パンを２切れ食べました。
　　I had (two) (slices) (of) bread for breakfast.

☐ 3) 私は昨晩ワインを１本飲みました。
　　I had (a) (bottle) (of) wine last night.

☐ 4) 私は毎日グラス１杯の牛乳を飲んでいます。
　　I drink (a) (glass) (of) milk every day.

☐ 5) このレシピにはスプーン２杯のお酢が必要です。
　　You need (two) (spoonfuls) (of) vinegar for this recipe.

▶▶ **間違いがわかるようにしよう**

☐ 1) オレンジジュースを２杯飲みました。
　　I had two glass of orange juices. (glass, juices → glasses, juice)

☐ 2) 私は毎朝グラス１杯の野菜ジュースを飲みます。
　　I have glass of vegetables juice every morning.
　　　　　　　　　　(glass, vegetables→a glass, vegetable)

☐ 3) 私はあの店でワインを２本買いました。
　　I bought two wines at that shop. (two wines → two bottles of wine)

☐ 4) このケーキには砂糖が50グラム必要です。
　　You need 50 gram of sugars for this cake.
　　　　　　　　　　　　　　(gram, sugars→grams, sugar)

☐ 5) 私は食パンを１枚食べたい。
　　I would like to have a bread. (a bread → a slice of bread)

▶▶ 質問してみよう

☐ 1) オレンジジュースを何杯飲みましたか。
How many glasses of orange juice did you have?
I had two glasses of orange juice.

☐ 2) あなたは毎朝グラス1杯の野菜ジュースを飲みますか。
Do you have a glass of vegetable juice every morning?
Yes. I have a glass of vegetable juice every morning.

☐ 3) あなたはあの店でワインを何本買いましたか。
How many bottles of wine did you buy at that shop?
I bought two bottles of wine at that shop.

☐ 4) このケーキには何グラムの砂糖が必要ですか。
How many grams of sugar do I need for this cake?
You need 50 grams of sugar for this cake.

▶▶ 文を書いてみよう

☐ 1) 赤ワインを1杯飲みたいです。
I would like to have a glass of red wine.

☐ 2) お昼に1切れのパンと1杯の紅茶をいただきました。
I had a slice of bread and a cup of tea for lunch.

☐ 3) 私は1日にコーヒーを5杯以上飲みます。
（1日にコーヒーを5杯 = five cups of coffee a day）
I have/drink more than five cups of coffee a day.

☐ 4) 1日3グラム以上の塩を取らないでください。
Please don't take more than three grams of salt a day.

英文法のまとめ33

📄 ルールを確認しよう　物質名詞の数え方

物質名詞は数えられない名詞（uncountable noun）の1つですが、物質名詞を数える方法が3つあります。

物質名詞の数え方；1)容器　2)形状、3)重量

1) 容器：a cup of coffee, two glasses of milk など
2) 形状：a slice of bread, a cube of ice など
3) 重量：two grams of sugar など

STAGE2. Unit34

私はパーティーを大いに楽しんだ
I had much fun at the party.

表現と語句を覚えよう

CD1 34

☐ 1) 私はパーティーを大いに楽しんだ。
   I had (much) fun at the party.
☐ 2) 私はそれにまったく興味がありません。
   I have (no) interest in it.
☐ 3) 私は手持ちのお金が少しあります。
   I have (a) (little) money with me.
☐ 4) 私には友達がほとんどいません。
   I have (few) friends.
☐ 5) まだ少し問題があります。
   We still have (a) (few) problems.

▶▶ 間違いがわかるようにしよう

☐ 1) それに関する情報を少し持っています。
   I have little information about it. (little → a little)
☐ 2) パーティーではほとんど楽しみませんでした。
   I had a little fun at the party. (a little → little)
☐ 3) それに関して少し質問があります。
   I have little questions about it. (little → a few)
☐ 4) 私はそれに関して多くの知識を持っています。
   I have many knowledges about it.
   　　　　　　　　　　(many knowledges → much knowledge)
☐ 5) そのニュースを知っている人はほとんどいません。
   A little people know about the news. (A little → Few)

▶▶ 質問してみよう

CD2 17

☐ 1) それに関する少しの情報を持っていますか。

Do you have a little information about it?

Yes. I have a little information about it.

2) パーティーでは大いに楽しみましたか。

Did you have much fun at the party?

No. I had little fun at the party.

3) それに関して質問がありますか。

Do you have any questions about it?

Yes. I have a few questions about it.

4) それに関して多くの知識を持っていますか。

Do you have much knowledge about it?

No. I have little knowledge about it.

▶▶ 文を書いてみよう

1) 私はビジネスの知識がほとんどありません。

I have little knowledge of business.

2) 彼にはほとんど友達がいません。

He has few friends.

3) ほとんどの人がそれ興味を持っていません。

Few people are interested in it.

4) この部屋には家具がほとんどありません。(〜があります = There is 〜)

There is little furniture in this room.

英文法のまとめ❸❹

📄 ルールを確認しよう　a few と few、a little と little

「多い」「少しある」「ほとんどない」の内容を表すときに、数えられる名詞につくのが many/a few/few になります。数えられない名詞につくのが much/a little/little になります。

many/a few/few ＋ 数えられる名詞

much/a little/little ＋ 数えられない名詞

a few/few と a little/little の違いは絶対的な数量の違いというよりは、肯定を強調するか、否定を強調するかによります。

There is a little milk left. (ミルクが少し残っています)

There is little milk left. (ミルクはほとんど残っていません)

「〜ない」を表す否定の no は数えられる名詞、数えられない名詞の両方に使われます。

I have no friends. (私には友達はいません)

I have no time. (私は時間がありません)

STAGE2. Unit35

多くの人がそこを訪れました

A large number of people visited there.

表現と語句を覚えよう

☐ 1) 多くの人がそこを訪れました。
A (*large*) (*number*) of people visited there.

☐ 2) 多くの知識がこの仕事には必要です。
A (*large*) (*amount*) of knowledge is necessary for this job.

☐ 3) 私にはそれに関して少しの情報しかありません。
I have only a (*small*) (*amount*) of information about it.

☐ 4) ほんの少数の人しかそれを理解していません。
Only a (*small*) (*number*) of people understand it.

☐ 5) 今日は訪問客の数が少ない。
The (*number*) of visitors is small today.

▶▶ 間違いがわかるようにしよう

☐ 1) 私はそれに関する情報を多く持っています。
I have a large number of information about it. (number → amount)

☐ 2) この仕事には多くの経験が必要です。
A large number of experience is necessary for this job.
(number → amount)

☐ 3) 私にはほんの少数の友達しかいません。
I have only a small amount of friends. (amount → number)

☐ 4) 昨日は訪問客の数が多かった。
The amount of visitors was large yesterday. (amount → number)

☐ 5) この仕事は多くの知識を必要としません。
This job doesn't require a great number of knowledge.
(number → amount)

▶▶ 質問してみよう

1) あなたはそれに関する多くの情報を持っていますか。
   Do you have a large amount of information about it?
   Yes. I have a large amount of information about it.

2) この仕事には多くの経験が必要ですか。
   Does this job require a great amount of experience?
   Yes. This job requires a great amount of experience.

3) 友達がたくさんいますか。
   Do you have a large number of friends?
   No. I have only a small number of friends.

4) 昨日は訪問客の数が多かったですか。
   Was the number of visitors large yesterday?
   Yes. The number of visitors was large yesterday.

▶▶ 文を書いてみよう

1) 多くの学生がそこを訪れました。
   A large number of students visited there.

2) 彼はそれに関して多くの情報を持っています。
   He has a lot of information about it.

3) ほんの少数の人だけがそのニュースを聞いた。(〜を聞く = hear about 〜)
   Only a few people heard about the news.

4) 応募者の数はとても少なかった。(応募者 = applicant)
   The number of applicants was very small.

英文法のまとめ㉟

📄 ルールを確認しよう　numberとamount

数はa number of 〜s、量はan amount of 〜で表す

その多さに従って large/great や small を number や amount の前に置きます。

a large number of people (大勢の人)
a small number of people (少数の人)
a large/great amount of information (多くの情報)
a small amount of information (少ない情報)

また、number の前に the をつけるとグループ全体の数を表すことになり、動詞は単数をとり、形容詞も many/few ではなく large/small を使います。

The number of visitors is large/small. (訪問客の数は多かった／少なかった)

STAGE2. Unit36

犬は人になつきます

The dog attaches itself to people.

表現と語句を覚えよう

CD1 36

- ☑ 1) 犬は人になつきます。
    (The) (dog) attaches itself to people.
- ☑ 2) 猫は場所になつきます。
    (The) (cat) attaches itself to the place.
- ☑ 3) 犬と猫ではどちらが飼いやすいだろうか。
    Which is easier to keep, (the) (dog) or (the) (cat) ?
- ☑ 4) 愛が人とペットを結び付けます。
    (Love) unites people with pets.
- ☑ 5) その猫は私のペットです。
    The (cat) is my pet.

▶▶ 間違いがわかるようにしよう

- ☑ 1) 人々はペットを必要としています。
    People need pet. (pet → pets)
- ☑ 2) ペットは家族の重要なメンバーになります。
    Pet can be the important members of families. (Pet → Pets)
- ☑ 3) 友情というものが人とペットの間には存在します。
    Friendship exists between people and pet. (pet → pets)
- ☑ 4) 良い関係を作るには時間が必要です。
    We need the time to have a good relationship. (the time → time)
- ☑ 5) その水をその犬にあげてください。
    Please give water to a dog. (water, a dog → the water, the dog)

▶▶ 質問してみよう

CD2 18

- ☑ 1) 人々はペットを必要としていますか。
    Do people need pets?

Yes. People need pets.
2) ペットは家族の重要なメンバーになりうるでしょうか。
Can pets be important members of families?
Yes. Pets can be important members of families.
3) 友情というものが人とペットの間には存在しますか。
Does friendship exist between people and pets?
Yes. Friendship exists between people and pets.
4) 良い関係を作るには時間が必要ですか。
Do you need time to have a good relationship?
Yes. We need time to have a good relationship.

▶▶▶ 文を書いてみよう

1) 私は毎日ヨーグルトを食べます。
I eat yoghurt every day.
2) ほとんどの会社はコンピュータを使っている。
Most companies use computers.
3) 新鮮な野菜は健康に良い。
Fresh vegetables are good for your health.

英文法のまとめ36

📘 ルールを確認しよう　一般総称

「～というものは」という形でそのグループ全体のことを述べることがありますが、数えられる名詞と数えられない名詞では、その表し方が異なります。

「～というものは」
数えられる名詞：複数、The、A
数えられない名詞：無冠詞

- 数えられる名詞
  1) 複数を使う（複数代表）
     Dogs are faithful animals.（犬は忠実な動物です）
  2) Theを使う（単数代表）
     The dog is a faithful animal.（犬は忠実な動物です）
  3) Aを使う
     A dog is a faithful animal.（犬は忠実な動物です）
- 数えられない名詞は無冠詞
  Water is essential for our life.（水は私たちの生命に不可欠です）

STAGE2・Unit37

私は新鮮な野菜をたくさん食べます
I eat a lot of fresh vegetables.

表現と語句を覚えよう

☐ 1) 私は新鮮な野菜をたくさん食べます。
I eat (a) (lot) (of) fresh vegetables.

☐ 2) 私たちの大学には多く外国人学生がいます。
There are (plenty) (of) foreign students in our college.

☐ 3) 私たちの学生のほとんどが交換留学生です。
(Most) (of) our students are exchange students.

☐ 4) ほとんどの学生は良い仕事を探している。
(Most) students are looking for good jobs.

▶▶ 間違いがわかるようにしよう

☐ 1) 私はパーティーを大いに楽しんだ。
I had lot of fun at the party. (lot of → a lot of)

☐ 2) そのパーティーには多くの食べ物と飲み物がありました。
There was a plenty of food and drink at the party.
(a plenty → plenty)

☐ 3) ほとんどの学生が留学に興味を持っています。
Most of students are interested in studying abroad.
(Most of → Most)

☐ 4) 私の友達のほとんどが来年卒業します。
Most our friends will graduate next year. (Most → Most of)

▶▶ 質問してみよう

☐ 1) パーティーでは大いに楽しみましたか。
Did you have a lot of fun at the party?
Yes. I had a lot of fun at the party.

☐ 2) そのパーティーには多くの食べ物と飲み物がありましたか。

<u>Was there plenty of food and drink at the party?</u>
Yes. There was plenty of food and drink at the party.

☑ 3) ほとんどの学生が留学に興味を持っていますか。
<u>Are most students interested in studying abroad?</u>
Yes. Most students are interested in studying abroad.

☑ 4) あなたの友達のほとんどは来年卒業ですか。
<u>Will most of your friends graduate next year?</u>
Yes. Most of my friends will graduate next year.

▶▶ 文を書いてみよう

☑ 1) 私は毎日多くのビジネスレターを読まなければなりません。
<u>I have to read plenty of[a lot of] business letters every day.</u>

☑ 2) 彼女はアメリカに多くの友達がいます。
<u>She has a lot of friends in America.</u>

☑ 3) ほとんどの学生は自分のコンピュータを持っています。
<u>Most students have their own computers.</u>

☑ 4) ほとんどの部屋には家具がほとんどありません。（　があります = There is　）
<u>There is little furniture in most of the rooms.</u>

英文法のまとめ③⑦

📄 ルールを確認しよう　a lot of, plenty of, most, some

　数えられる名詞と数えられない名詞の両方につく表現があります。A lot of 〜 / plenty of 〜（多くの〜）、most（ほとんどの〜）や some（何人かの〜）がそれにあたります。A lot of 〜 の場合は a を取ると lot を複数（lots）にしなければなりません。

多くの〜：a lot of 〜/ plenty of 〜

<u>A lot of[Lots of]</u> people are interested in environmental issues.
（多くの人が環境問題に興味を持っています）

<u>most</u> や <u>some</u> で of を使うときはその後に限定されたものがきますので、限定詞と呼ばれる the, his, these などがつきます。

ほとんどの〜／〜のほとんど：most 〜/ most of 〜
何人かの〜／〜の何人か：some 〜/ some of 〜

<u>Most of the</u> students need a part-time job.
（その学生たちのほとんどがパートの仕事を必要としています）

<u>Some of the</u> students attended the meeting.
（その学生たちの何人かがその会議に出席しました）

STAGE2. Unit38

聴衆は皆とても興奮していた

The audience were all very excited.

表現と語句を覚えよう

CD1 38

☐ 1) 聴衆は皆とても興奮していた。
　　The audience (were) all very excited.
☐ 2) ボランティアグループが組織された。
　　A group of volunteers (was) organized.
☐ 3) 理事会は彼の昇進を受け入れた。
　　The board of directors (has) (accepted) his promotion.
☐ 4) 私の家族は大家族です。
　　My family (is) very large.
☐ 5) 私の家族は皆とても元気です。
　　My family (are) all very well.

▶▶ 間違いがわかるようにしよう

☐ 1) その外国人学生のグループはとても活動的だ。
　　The group of foreign students are very active. (are → is)
☐ 2) その外国人学生のグループは皆とても積極的だ。
　　The group of foreign students is all very aggressive. (is → are)
☐ 3) 彼の家族は大家族だ。
　　His family is very many. (many → large)
☐ 4) 彼の家族は皆とても勤勉だ。
　　His family is all very diligent. (is → are)

▶▶ 質問してみよう

CD2 19

☐ 1) その外国人学生のグループはとても活動的ですか。
　　Is the group of foreign students very active?
　　Yes. The group of foreign students is very active.

☐ 2) その外国人学生は皆とても積極的ですか。
Are the group of foreign students all very aggressive?
Yes. The group of foreign students are all very aggressive.

☐ 3) 彼の家族は大家族ですか。
Is his family very large?
Yes. His family is very large.

☐ 4) 彼の家族は皆とても勤勉ですか。
Are his family all very diligent?
Yes. His family are all very diligent.

▶▶ 文を書いてみよう

☐ 1) 彼女の家族は皆テニスが好きです。
Her family are all fond of [playing] tennis.

☐ 2) その委員会は10人のメンバーで構成されています。
The committee consists of 10 members.

☐ 3) 理事会は皆その計画に賛成です。
The board of directors are all for the plan.

☐ 4) 聴衆は皆その試合に満足した。
The audience were all satisfied with the game.

英文法のまとめ 38

ルールを確認しよう　集合名詞の単数・複数

グループを表す名詞を**集合名詞**といいます。集合名詞は全体を1つの固まりとして捉えると単数扱いですが、メンバーの1人1人に目を向けるとメンバーは複数なので、複数扱いになります。またグループの大きさは、many / few ではなく large / small で表します。

全体として1つの固まり⇒単数
メンバー1人1人に注目⇒複数

His family **is** very **large**.
(彼の家族はとても大きい)［家族という固まり＝単数］

His family **are all** interested in sports.
(彼の家族は皆スポーツに興味を持っています)［家族1人1人に注目＝複数］

The committee **meets** once a week.
(その委員会は週に1回開かれます)［委員会という固まり＝単数］

The committee **are all** against the plan.
(その委員会の全員がその計画に反対している)［委員1人1人に注目＝複数］

STAGE2. Unit39

私はその赤い大きな車がとても気に入った

I really liked the big red car.

表現と語句を覚えよう

☐ 1) 私はその赤い大きな車がとても気に入った。
　　I really liked the (big) (red) car.
☐ 2) 私は丸い茶色のテーブルを買った。
　　I bought a (round) (brown) table.
☐ 3) 私はその古い白い家を訪れた。
　　I visited the (old) (white) house.
☐ 4) 私はその古い小さな白い家が気に入った。
　　I liked the (small) (old) (white) house.
☐ 5) 私はその白い新しいモデルは経済的だと思った。
　　I found the (new) (white) model economical.

▶▶ 間違いがわかるようにしよう

☐ 1) 彼女はその白い小さな家に住んでいる。
　　She lives in the white small house. (white small → small white)
☐ 2) 彼はその白い新しいモデルを買った。
　　He bought the white new model. (white new → new white)
☐ 3) 彼女はその古い小さな白い家を売った。
　　She sold the white old small house.
　　　　　　　　　　(white old small → small old white)
☐ 4) 彼は丸い茶色のテーブルを買った。
　　He bought the brown round table. (brown round → round brown)
☐ 5) 彼女はその赤い大きな車を売ってしまった。
　　She sold the red big car. (red big → big red)

▶▶ 質問してみよう

☐ 1) 彼女はその白い小さな家に住んでいるのですか。

Does she live in the small white house?
Yes. She lives in the small white house.

☐ 2) 彼はその白い新しいモデルを買いましたか。
Did he buy the new white model?
Yes. He bought the new white model.

☐ 3) 彼女はその古い小さな白い家を売ってしまいましたか。
Did she sell the small old white house?
Yes. She sold the small old white house.

☐ 4) 彼は丸い茶色のテーブルを買いましたか。
Did he buy the round brown table?
Yes. He bought the round brown table.

▶▶ 文を書いてみよう

☐ 1) その黒い小さなコンピュータは私のです。
The small black computer is mine.

☐ 2) 彼女は小さなピンクの携帯電話を買いました。
She bought a small pink cell phone.

☐ 3) 私は新しい大きな家に住みたい。
I want to live in a large new house.

☐ 4) 彼女のペットは褐色の小さな犬です。
Her pet is a small brown dog.

英文法のまとめ 39

📄 ルールを確認しよう　形容詞の語順

カテゴリーの違う形容詞は and などを使わずにそのまま並列できます。そして、その順序は慣用的に決まっています。日本語はわりあいと流動的な部分がありますが、英語ではかなり固定されています。次のようになるのが普通です。

冠詞	大小	新旧	形	色	名詞
	large	new	round	brown	table
a	large			brown	table
a		new	round	brown	table
a				brown	table

これらが全部一度に使われることはまれなので、覚えておきたい語順は、他のカテゴリーと比べて「色」が名詞の近くに置かれることです。

STAGE2 Unit40

それは注意して書かれた報告書でした
It was a carefully written report.

表現と語句を覚えよう

☐ 1) それは注意して書かれた報告書でした。
   It was a (carefully) (written) report.
☐ 2) それはほぼ完全な報告書でした。
   It was an (almost) (perfect) report.
☐ 3) 大けがをした人がたくさんいました。
   There were many (seriously) (injured) people.
☐ 4) それは比較的新しいモデルでした。
   It was a (relatively) (new) model.
☐ 5) それはかなり難しいテストでした。
   It was a (rather) (difficult) test.

▶▶ 間違いがわかるようにしよう

☐ 1) それはほぼ完全な報告書でした。
   It was an almost perfectly report. (perfectly → perfect)
☐ 2) それは比較的新しいモデルでした。
   It was a new relative model. (new relative → relatively new)
☐ 3) それは注意して書かれた報告書でした。
   It was a written carefully report.
                          (written carefully → carefully written)
☐ 4) 大けがをした人がたくさんいました。
   There were many serious injured people. (serious → seriously)
☐ 5) それはかなり難しいテストでした。
   It was a difficult rather test. (difficult rather → rather difficult)

▶▶ 質問してみよう

☐ 1) それはほぼ完全な報告書でしたか。

Was it an almost perfect report?
Yes. It was an almost perfect report.

2) それは比較的新しいモデルでしたか。
Was it a relatively new model?
Yes. It was a relatively new model.

3) それは注意して書かれた報告書でしたか。
Was it a carefully written report?
Yes. It was a carefully written report.

4) 大けがをした人がたくさんいましたか。
Were there many seriously injured people?
Yes. There were many seriously injured people.

▶▶ 文を書いてみよう

1) それはとても古い記録でした。
It was a very old record.

2) 彼女はかなり大きな家に住んでいます。
She lives in a rather large house.

3) それは急いで仕上げられた仕事でした。
It was quickly finished work.

4) それは比較的珍しい習慣です。
It was a relatively rare custom.

英文法のまとめ⓴

ルールを確認しよう　副詞＋形容詞で名詞を修飾

形容詞と副詞がともに名詞を前から修飾する場合がありますが、その語順は注意が必要です。副詞＋形容詞＋名詞の順になります。副詞が形容詞を修飾し、形容詞が名詞を修飾します。

冠詞	副詞	形容詞	名詞
a	carefully	written	report
	注意して	書かれた	報告書
a	rather	intersting	story
	かなり	面白い	話

STAGE2 Unit41

ブラジルには広大な熱帯雨林があります
Brazil has a huge rain forest.

表現と語句を覚えよう

1) ブラジルには広大な熱帯雨林があります。
   Brazil has a huge (rain) forest.
2) 私の好きなデザートはアップルパイです。
   My favorite dessert is (apple) pie.
3) 私の父はトラックの運転手をしています。
   My father is a (truck) driver.
4) 多くの面白いラジオ番組があります。
   There are many interesting (radio) programs.
5) それは重大な健康問題です。
   It is a serious (health) problem.

▶▶ 間違いがわかるようにしよう

1) アップルパイはアメリカ人に人気があります。
   Apples pies are popular among Americans. (Apples → Apple)
2) この近くに地下鉄の駅はありません。
   There is no subway's station near here. (subway's → subway)
3) 私は新しいスノータイヤを買わなければなりません。
   I have to buy new snowy tires. (snowy → snow)
4) これが私の好きなテレビ番組です。
   This is my favorite television's program.
   (television's → television)
5) 彼女は健康管理に気をつけています。
   She is careful about healthy care. (healthy → health)

▶▶ 質問してみよう

1) アップルパイはアメリカ人に人気がありますか。

Are apple pies popular among Americans?
Yes. Apple pies are popular among Americans.

☐ 2) この近くに地下鉄の駅はありますか。
Is there a subway station near here?
No. There is no subway station near here.

☐ 3) あなたは新しいスノータイヤを買わなければならないのですか。
Do you have to buy new snow tires?
Yes. I have to buy new snow tires.

☐ 4) これがあなたの好きなテレビ番組ですか。
Is this your favorite television program?
Yes. This is my favorite television program.

▶▶ 文を書いてみよう

☐ 1) その駅の前にタクシー乗り場があります。（タクシー乗り場 = taxi stand）
There is a taxi stand in front of the station.

☐ 2) 近頃の天気予報はかなり正確です。（天気予報 = weather forecast）
The recent weather forecast is rather accurate.

☐ 3) あなたの電話番号を教えていただけますか。
May I have your telephone number?

☐ 4) 昨晩ここで車の事故がありました。
There was a car accident here last night.

英文法のまとめ 41

📄 ルールを確認しよう　名詞が形容詞になる

　名詞が形容詞として使われて、他の名詞を前から修飾することがあります。この場合、後ろの名詞が複数になっても、それを修飾する前の名詞は複数にはなりません。この名詞はすでに形容詞になっているので（名詞の転用）、複数形は存在しません。

appleとpieがくっついてan apple pie、appleは形容詞で複数形にならない

an apple pie（アップルパイ）→ apple pies
　　形容詞　　　　　　　　形容詞

　また、名詞の転用の場合は、2つの名詞が一緒になって新しい種類を作っている感じになります。

orange juice（オレンジジュース）[ジュースの種類]

STAGE2 unit42

5歳の男の子
a five-year-old boy

表現と語句を覚えよう

☐ 1) 5歳の男の子
   a (*five-year-old*) boy
☐ 2) 20ページの報告書
   a (*20-page*) report
☐ 3) 急成長している都市
   a (*fast-growing*) city
☐ 4) 米の生産地
   a (*rice-producing*) area
☐ 5) 車の輸出国
   a (*car-exporting*) nation

▶▶ 間違いがわかるようにしよう

☐ 1) あなたに10ドル紙幣をあげます。
   I'll give you a ten-dollars bill. (ten-dollars → ten-dollar)

☐ 2) ブラジルはコーヒーの栽培国です。
   Brazil is a growing-coffee country.
                    (growing-coffee → coffee-growing)

☐ 3) 15ページの報告書を書かなければならない。
   I have to write a 15-pages report. (15-pages → 15-page)

☐ 4) 私たちの町の問題は増加の遅い人口です。
   The problem of our town is an increasing-slowly population.
              (an increasing-slowly → a slowly-increasing)

☐ 5) 私には8歳になる姪がいます。
   I have an eight-years-old nephew.
              (an eight-years-old → an eight-year-old)

▶▶ 合成形容詞を言ってみよう

1) 急速に発展している国々（ヒント：The countries are developing fast.）
   The fast-developing countries
2) ゆっくり移動する群衆（ヒント：The crowd is moving slowly.）
   The slowly-moving crowd
3) 決して終わらないお話（ヒント：A story never ends.）
   A never-ending story
4) お客にやさしいホテル（ヒント：The hotel is friendly with customers.）
   The customer-friendly hotel

▶▶ 文を書いてみよう

1) 日本は米の生産国です。
   Japan is a rice-growing country.
2) 私は30ページの報告書を書かなければならない。
   I have to write a 30-page report.
3) 石油生産国はとても金持ちだ。
   The oil-producing country is very rich.
4) 2ドル紙幣は大変珍しい。
   A two-dollar bill is very rare.

英文法のまとめ 42

ルールを確認しよう　合成形容詞

ハイフンを入れて作る形容詞（合成形容詞）には、注意することが2つあります。

　　　　注意：その1　複数形を使わないこと

The report is five pages.（その報告書は5ページある）
→ the five-page report（5ページの報告書）

　　　　注意：その2　語順は［副詞―形容詞―名詞の順］、［目的語―動詞―名詞］

The country is developing fast.（その国は急速に発展している）
　［名詞―動詞―副詞］
→the fast-developing country（急速に発展する国）
　［副詞―形容詞―名詞の順］

The country produces rice.（その国は米を生産する）
　［名詞―動詞―目的語］
→the rice-producing country（米の生産国）
　［目的語―動詞―名詞の順］

STAGE2. Unit43

私の好きなワイン
a wine which I like

表現と語句を覚えよう　CD1 43

- 1) 私の好きなワイン
  a wine (which) I like
- 2) 面白い本
  a book (which) is interesting
- 3) 私が買った本
  the book (which) I bought
- 4) 私が愛した男の人
  the man (whom) I loved
- 5) 面白い男の人と本
  a man and a book (that) are interesting

▶▶ 間違いがわかるようにしよう

- 1) これが初心者に人気がある辞書です。
  This is the dictionary who is popular among beginners.
  (who → which)
- 2) 彼がこの仕事をした人です。
  He is the man which did this job. (which → who)
- 3) 彼女は私が尊敬している人です。
  She is the person which I respect. (which → whom)
- 4) 私は事故に巻き込まれた少女と犬を知っています。
  I know the girl and dog who were involved in the accident. (who → that)
- 5) これは昨日私が買った本です。
  This is the book whom I bought yesterday. (whom → which)

▶▶ 質問してみよう　CD2 22

- 1) これが初心者に人気がある辞書ですか。

Is this the dictionary which is popular among beginners?
Yes. This is the dictionary which is popular among beginners.

☑ 2) 彼がこの仕事をした人ですか。
Is he the man who did this job?
Yes. He is the man who did this job.

☑ 3) 彼女はあなたが尊敬している人ですか。
Is she the person whom you respect?
Yes. She is the person whom I respect.

☑ 4) あなたは事故に巻き込まれた少女と犬を知っていますか。
Do you know the girl and dog that were involved in the accident?
Yes. I know the girl and dog that were involved in the accident.

▶▶ 文を書いてみよう

☑ 1) 新宿駅に近いアパートは高いです。
Apartments which are close to Shinjuku-Station are expensive.

☑ 2) 私は使っている辞書は初心者用です。
The dictionary which I am using is for beginners.

☑ 3) 彼が話している人は有名な俳優です。(有名な俳優 = a famous actor)
The person whom he is talking with is a famous actor.

☑ 4) あそこで写真を撮っている女性を知っていますか。
Do you know the woman who is taking pictures over there?

英文法のまとめ 43

ルールを確認しよう　関係代名詞

名詞を後ろから修飾する代表的なものが関係代名詞です。関係代名詞が修飾する名詞は、関係詞の前にあるので、先行詞と呼ばれています。

先行詞が人: **who, whom**　先行詞が物や動物: **which**　先行詞が人と動物両方: **that**
私の尊敬する人 = the man **whom** I respect
私の好きなもの = the thing **which** I like
私の好きな人と犬 = the man and the dog **that** I like

　　　先行詞が主語: **who, which**　先行詞が目的語: **whom, which**
その有名な人 = the person **who** is famous [主語]
その便利なもの = the thing **which** is convenient [主語]
私の好きな人 = the person **whom** I like [目的語]
私の好きなもの = the thing **which** I like [目的語]

STAGE2 Unit44

「立ち入り禁止」というサイン
a sign saying "Off Limits"

表現と語句を覚えよう

CD1 44

☐ 1) 「立ち入り禁止」というサイン
　　A sign (saying) "Off Limits"
☐ 2) 中古車を扱う商売
　　A business (dealing) in second hand cars
☐ 3) 公園をジョギングしている人
　　people (jogging) in the park
☐ 4) 「ありがとう」を述べた手紙
　　a letter (saying) "thank you"
☐ 5) 雑誌を読んでいる男の人
　　a man (reading) a magazine

▶▶ 間違いがわかるようにしよう

☐ 1) 私の父はダイヤを扱う商売をしています。
　　My father runs a business deals in diamonds. (deals → dealing)
☐ 2) 「問題ありません」と述べたメールを受け取りました。
　　I received an e-mail said "no problem". (said → saying)
☐ 3) ドアに「立ち入り禁止」のサインがありました。
　　There was a sign says "Off Limits" on the door. (says → saying)
☐ 4) その公園で働いている人は皆高齢者です。
　　People are working in the park are all senior citizens.
　　　　　　　　　　　　　　　　(are working → working)
☐ 5) あそこで新聞を読んでいる人が私の上司です。
　　The person read a newspaper over there is my boss. (read → reading)

▶▶ 質問してみよう

CD2 22

☐ 1) あなたのお父さんはダイヤを扱う商売をしていますか。

completed!

Does your father run a business dealing in diamonds?
Yes. My father runs a business dealing in diamonds.

☐ 2) ドアに「立ち入り禁止」のサインがありましたか。
Was there a sign saying "Off Limits" on the door?
Yes. There was a sign saying "Off Limits" on the door.

☐ 3) その公園で働いている人は皆高齢者ですか。
Are people working in the park all senior citizens?
Yes. People working in the park are all senior citizens.

☐ 4) あなたは「問題ありません」と述べたメールを受け取りましたか。
Did you receive an e-mail saying "no problem"?
Yes. I received an e-mail saying "no problem."

▶▶▶ 文を書いてみよう

☐ 1) 電話で話をしている女性は私の姉です。
The woman talking on the phone is my (elder) sister.

☐ 2) 私の母はバッグを扱う商売をしています。
My mother runs a business dealing in bags.

☐ 3) 私は「いいえ、結構です」と書いてあるメモを受け取った。
I received a memo saying "no thank you."

☐ 4) 歴史問題を取り上げている本は多い。
（歴史問題を取り上げる = take up historical issues）
There are many books taking up historical issues.

英文法のまとめ44

📄 ルールを確認しよう　現在分詞

　名詞を後ろから修飾するものの1つに現在分詞（～ing）があります。現在分詞は「～する」という意味と「～している」という意味を表します。したがって関係代名詞で書き直すと単純形と進行形になる場合があります。

朝食を食べている人	the person	eating breakfast
		who is eating breakfast
朝食を7時に食べる人	the person	eating breakfast at 7
		who eats breakfast at 7

　また、進行形の意味を表している分詞の場合は関係代名詞とbe動詞が省略された形になっています。

朝食を食べている人	the person (who is) eating breakfast

105

STAGE2. Unit45

日本製の車
a car made in Japan

表現と語句を覚えよう

1) 日本製の車
   a car (made) in Japan
2) インターネットオークションで売られる品物
   goods (sold) at the Internet auction
3) レストランで出される食べ物
   food (served) at the restaurant
4) コーチからされたコメント
   comments (made) by my coach
5) 私に送られてきたEメール
   an e-mail (sent) to me

▶▶ 間違いがわかるようにしよう

1) そのレストランで出される食べ物はすばらしい。
   Foods are served at the restaurant are excellent.
   (are served → served)

2) インターネットオークションで売られる品物は豊富だ。
   Goods selling at the Internet auction are abundant. (selling → sold)

3) コーチから出されたコメントは励みになりました。
   The comments that make by my coach were encouraging.
   (that make → made)

4) 私のアメリカの友達は日本製の車を買いました。
   My American friend bought a car make in Japan. (make → made)

5) 私に送られてきたEメールは英語で書かれていました。
   The e-mail send to me was written in English. (send → sent)

▶▶ 質問してみよう

☐ 1) そのレストランで出される食べ物はすばらしいですか。
   Are foods served at the restaurant excellent?
   Yes. Foods served at the restaurant are excellent.

☐ 2) インターネットオークションで売られる品物は豊富ですか。
   Are goods sold at the Internet auction abundant?
   Yes. Goods sold at the Internet auction are abundant.

☐ 3) あなたのコーチからされたコメントは励みになりましたか。
   Were comments made by your coach encouraging?
   Yes. Comments made by my coach were encouraging.

☐ 4) あなたのアメリカ人の友達は日本製の車を買いましたか。
   Did your American friend buy a car made in Japan?
   Yes. My American friend bought a car made in Japan.

▶▶ 文を書いてみよう

☐ 1) 私はやさしい英語で書かれた本を買いました。
   I bought a book written in easy English.

☐ 2) 日本製のカメラは海外で人気があります。(海外で = overseas)
   Cameras made in Japan are popular overseas.

☐ 3) これが多くの英語の先生方から推奨されている辞書です。
   This is the dictionary recommended by many English teachers.

☐ 4) ボランティアによって植えられるその木は成長が早い。
   (成長が早い = grow fast)
   The trees planted by the volunteers grow very fast.

英文法のまとめ 45

📄 ルールを確認しよう　過去分詞

　名詞を後ろから修飾するものの1つに過去分詞（〜ed）があります。過去分詞は「〜された」という意味を表します。したがって関係代名詞で書き直すと受動態（受身）になります。過去分詞は、関係代名詞とbe動詞を省略した形になっています。
英語で書かれたその本　the book (which is) written in English
日本製の車　a car (which is) made in Japan

STAGE2 Unit46

私たちのチームに有益な情報

Information useful to our team

表現と語句を覚えよう

- 1) 私たちのチームに有益な情報
    information (useful) to our team
- 2) 日本独自の習慣
    customs (unique) to Japan
- 3) 使いやすい携帯電話
    cell phones (easy) to use
- 4) 以前のよりもより強力なバッテリー
    batteries (more) (powerful) than old ones
- 5) この仕事に必要な資格
    qualifications (necessary) for this job

▶▶▶ 間違いがわかるようにしよう

- 1) 英語とコンピュータ技術がこの仕事に必要な資格です。
    English and computer skills are qualifications are necessary for this job. (are necessary → necessary)
- 2) 私たちのチームに有益な情報を得ました。
    I got some information of useful to our team. (of useful → useful)
- 3) 以前よりも強力なバッテリーが必要です。
    We need batteries being more powerful than old ones.
    (being more → more)
- 4) 使いやすい携帯電話が欲しい。
    I want a cell phone which easy to use. (which easy → easy)
- 5) 日本独自の習慣を維持すべきだ。
    We should keep customs are unique to Japan.
    (are unique → unique)

▶▶ 質問してみよう

☐ 1) 英語とコンピュータ技術はこの仕事に必要な資格ですか。
   Are English and computer skills qualifications necessary for this job?
   Yes. English and computer skills are qualifications necessary for this job.

☐ 2) あなたは私たちのチームに有益な情報を得ましたか。
   Did you get some information useful to our team?
   Yes. I got some information useful to our team.

☐ 3) 以前よりも強力なバッテリーが必要ですか。
   Do we need batteries more powerful than these old ones?
   Yes. We need batteries more powerful than these old ones.

☐ 4) とても使いやすい携帯電話が欲しいですか。
   Do you want a cell phone very easy to use?
   Yes. I want a cell phone very easy to use.

▶▶ 文を書いてみよう

☐ 1) 私たちが利用できる情報は限られています。
   Information available to us is limited.

☐ 2) 私はカロリーの少ないヨーグルトを食べています。
   I eat yoghurt low in calories.

☐ 3) 東京タワーより高いビルは今では珍しくない。
   Buildings taller than Tokyo Tower are not rare now.

☐ 4) これよりも早いコンピュータはとても値段が高い。
   The computer faster than this is very expensive.

英文法のまとめ46

ルールを確認しよう　形容詞句

名詞を後ろから修飾するものの1つに形容詞句があります。後ろから前の名詞を修飾する形容詞句は、関係代名詞と be 動詞を省略した形になっています。

私たちに重要な情報
　　　　　　　　　information important to us
　　　　　　　　　information which is important to us

カロリーの少ないヨーグルト
　　　　　　　　　yoghurt low in colories
　　　　　　　　　yoghurt which is low in calories

STAGE2・Unit47

高齢者のための医療施設
medical facilities for senior citizens

表現と語句を覚えよう

CD1 47

☐ 1) 高齢者のための医療施設
  medical facilities (*for* **) (** *senior* **) (** *citizens* **)**

☐ 2) ガレージの中の車
  the car (*in* **) (** *the* **) (** *garage* **)**

☐ 3) 外国からの訪問者
  visitors (*from* **) (** *foreign* **) (** *countries* **)**

☐ 4) 飲酒運転を禁止する法律
  a law (*against* **) (** *drunk* **) (** *driving* **)**

☐ 5) 日本文化に関する本
  a book (*on* **) (** *Japanese* **) (** *culture* **)**

▶▶ 間違いがわかるようにしよう

☐ 1) 飲酒運転を禁止する新しい法律はとても厳しい。
  The new law is against drunk driving is very strict.
  (is against → againt)

☐ 2) 日本文化に関する本がよく売れている。
  Books that on Japanese culture are selling well. (that on → on)

☐ 3) 京都には外国からの訪問者がたくさんいます。
  There are many visitors they are from foreign countries in Kyoto.
  (they are from → from)

☐ 4) 高齢者用の医療施設が必要だ。
  We need medical facilities are for senior citizens. (are for → for)

☐ 5) ガレージの中の車は私の父のです。
  The car which in the garage is my father's. (which in → in)

▶▶ 質問してみよう

☐ 1) 飲酒運転を禁止する新しい法律はとても厳しいですか。
Is the new law against drunk driving very strict?
Yes. The new law against drunk driving is very strict.

☐ 2) 日本文化に関する本はよく売れていますか。
Are books on Japanese culture selling well?
Yes. Books on Japanese culture are selling well.

☐ 3) 京都には外国からの訪問者がたくさんいますか。
Are there many visitors from foreign countries in Kyoto?
Yes. There are many visitors from foreign countries in Kyoto.

☐ 4) 高齢者用の医療施設は必要ですか。
Do you need medical facilities for senior citizens?
Yes. We need medical facilities for senior citizens.

▶▶ 文を書いてみよう

☐ 1) 机の上にある辞書はあなたのですか。
Is the dictionary on the desk yours?

☐ 2) 東京には合衆国からの旅行者がたくさんいます。
There are many tourists from the United States in Tokyo.

☐ 3) この問題に対する彼の意見はとても説得力がある。
His opinions on this issue are very persuasive.

☐ 4) このアメリカの大統領に関する本はベストセラーです。
This book on American presidents is a best seller.

英文法のまとめ 47

ルールを確認しよう　前置詞句

名詞を後ろから修飾するものの1つに前置詞句（前置詞を先頭とした固まり）があります。前置詞句はいろいろな形が存在します。すべてではありませんが、そのほとんどが関係代名詞とbe動詞を省略した形になっています。

名詞	前置詞
the book その本	(whitch is) on the desk 机の上にある
a book 本	(whitch is) on wine ワインに関する

STAGE2 Unit48

今夜すべき仕事
a job to do tonight

表現と語句を覚えよう

- 1) 今夜すべき仕事
    a job (to) (do) tonight
- 2) この件で会うべき人
    the person (to) (see) for this case
- 3) この試験のために勉強すべき科目
    the subjects (to) (study) for this test
- 4) 今日すべき宿題
    the homework (to) (do) today
- 5) 留学するために受けるべき試験
    the test (to) (take) for study abroad

▶▶ 間違いがわかるようにしよう

- 1) これは留学のために受けるべき試験です。
    This is the test take for study abroad. (take → to take)
- 2) この試験のために勉強すべき科目は多い。
    There are many subjects study for this test. (study → to study)
- 3) この件で会うべき人は田中氏です。
    The person seeing for this case is Mr. Tanaka. (seeing → to see)
- 4) 私は今夜すべき仕事があります。
    I have a job done tonight. (done → to do)
- 5) 今日はすべき宿題がとても多い。
    I have a lot of homework which done today. (which done → to do)

▶▶ 質問してみよう

- 1) これは留学するために受けるべき試験ですか。
    Is this the test to take for study abroad?

Yes. This is the test to take for study abroad.

☑ 2) この試験のために勉強すべき科目は多いですか。

Are there many subjects to study for this test?

Yes. There are many subjects to study for this test.

☑ 3) この件で会うべき人は田中氏ですか。

Is the person to see for this case Mr. Tanaka?

Yes. The person to see for this case is Mr. Tanaka.

☑ 4) 今夜はすべき仕事がたくさんありますか。

Do you have a job to do tonight?

Yes. I have a job to do tonight.

▶▶ 文を書いてみよう

☑ 1) 彼女は今月末までに読まなければならない本が何冊かあります。

She has some books to read by the end of this month.

☑ 2) 東京には見物すべき場所がたくさんあります。

There are many interesting places to see in Tokyo.

☑ 3) 京都には訪ねるべき寺がたくさんあります。

There are many temples to visit in Kyoto.

☑ 4) 今何か飲み物が欲しいです。

I want something to drink now.

英文法のまとめ48

📄 ルールを確認しよう　不定詞

　名詞を後ろから修飾するものの1つに不定詞（to ~）があります。不定詞は「~すべき、~するための」という意味を表します。関係代名詞で書き直すと助動詞の should や must を伴うことになります。

読むべき本
　　　　　a book to read
　　　　　a book which you should read

討議すべきこと
　　　　　things to discuss
　　　　　things which we must discuss

STAGE2. Unit49

彼がそれをわざとしたという事実

the fact that he did it on purpose

表現と語句を覚えよう

☐ 1) 彼がそれをわざとしたという事実
the fact (that) (he) (did) (it) (on) (purpose)

☐ 2) それを一緒にすべきという提案
the suggestion (that) (we) (should) (do) (it) (together)

☐ 3) もう遅すぎるという考え
the idea (that) (it) (is) (too) (late)

☐ 4) それは今日終わらせるべきというアドバイス
the advice (that) (you) (should) (finish) (it) (today)

☐ 5) わがチームが試合に勝ったというニュース
the news (that) (our) (team) (won) (the) (game)

▶▶ 間違いがわかるようにしよう

☐ 1) 私はもう遅すぎるという考えに賛成できません。
I cannot agree with the idea for it is too late. (idea for → idea that)

☐ 2) 彼は私たちがそれを一緒にすべきだという提案をしてきた。
He came up with the suggestion that should do it together.
(that should → that we should)

☐ 3) 私は彼がそれをわざとしたという事実を知っています。
I know the fact of he did it on purpose. (fact of → fact that)

☐ 4) 私は彼が会社を辞めたという知らせに驚いた。
I was surprised by the news which he quit the company.
(news which → news that)

☐ 5) 私はそれをすぐすべきだというアドバイスに従った。
I followed the advice for I should do it at once.
(advice for → advice that)

▶▶ 質問してみよう

☐ 1) あなたはもう遅すぎるという考えに賛成できますか。
Can you agree with the idea that it is too late?
No. I cannot agree with the idea that it is too late.

☐ 2) 彼は私たちがそれを一緒にすべきだという提案をしてきましたか。
Did he come up with the suggestion that we should do it together?
Yes. He came up with the suggestion that we should do it together.

☐ 3) あなたは彼がそれをわざとしたという事実を知っていますか。
Do you know the fact that he did it on purpose?
Yes. I know the fact that he did it on purpose.

☐ 4) あなたは彼が会社を辞めたという知らせに驚きましたか。
Were you surprised by the news that he quit the company?
Yes. I was surprised by the news that he quit the company.

▶▶ 文を書いてみよう

☐ 1) 私は誰もそれに興味を示さなかったという事実に驚きました。
I was surprised by the fact that nobody showed interest in it.

☐ 2) 私は彼女と話をすべきだというアドバイスに従った。
I followed the advice that I should talk to her.

☐ 3) 私は仕事の経験が不可欠だという考えに賛成できません。
I cannot agree with the idea that job experiences are essential.

☐ 4) 私は彼女が副社長に昇進したという知らせに驚きませんでした。
I was not surprised by the fact that she was promoted to vice president.

英文法のまとめ49

📖 ルールを確認しよう　同格の名詞節

　名詞を後ろから修飾するものの１つに**同格の名詞節（that 文）**があります。同格の名詞節は that を用いて、完全な文を使って前の名詞（the fact など）の内容を説明します。
修飾される名詞：事実＝the fact
その内容：彼が試合に勝った＝he won the game
→ 彼がその試合に勝ったという**事実**＝**the fact** that he won the game

STAGE2. Unit 50

私が彼女を尊敬する理由
the reason why I respect her

表現と語句を覚えよう

☐ 1) 私が彼女を尊敬する理由
the reason (why) (I) (respect) (her)
☐ 2) 私が申し出を断った理由
the reason (why) (I) (turned) (down) (the) (offer)
☐ 3) 私が彼女に賛成する理由
the reason (why) (I) (agree) (with) (her)
☐ 4) 私が遅れた理由
the reason (why) (I) (was) (late)
☐ 5) 私が試験に合格した理由
the reason (why) (I) (passed) (the) (test)

▶▶ 間違いがわかるようにしよう

☐ 1) 私が遅れた理由は交通事故です。
The reason in which I was late was the traffic accident.
(in which → why)

☐ 2) 私が申し出を断った理由は誰も知らない。
No body knows the reason which I turned down the offer.
(reason which → reason why)

☐ 3) 私が彼女を尊敬する理由は彼女の正直さです。
The reason for I respect her is her honesty.
(reason for → reason why)

☐ 4) 彼女は私が試験に合格した理由を知っています。
She knows the reason of which I passed the test.
(reason of which → reason why)

☐ 5) 私が彼女に賛成する理由は秘密です。
The reason of I agree with her is a secret. (reason of → reason why)

▶▶ 質問してみよう

☐ 1) あなたが遅れた理由は交通事故でしたか。
Was the reason why you were late the traffic accident?
Yes. The reason why I was late was the traffic accident.

☐ 2) あなたが申し出を断った理由を誰か知っていますか。
Does anybody know the reason why you turned down the offer?
No. Nobody knows the reason why I turned down the offer.

☐ 3) あなたが彼女を尊敬する理由は彼女の正直さですか。
Is the reason why you respect her her honesty?
No. The reason why I respect her is not her honesty.

☐ 4) 彼女はあなたが試験に合格した理由を知っていますか。
Does she know the reason why you passed the test?
Yes. She knows the reason why I passed the test.

▶▶ 文を書いてみよう

☐ 1) 彼女が会社を辞めた理由を誰も知らない。
Nobody knows the reason why she quit her company.

☐ 2) 私は彼が申し出を受け入れた理由を知っています。(受け入れる = accept)
I know the reason why he accepted the offer.

☐ 3) 彼がアドバイスに従わなかった理由は分かりません。(従う = follow)
I don't know the reason why he did not follow the advice.

☐ 4) 私が彼を尊敬する理由は彼の勤勉さです。(勤勉さ = diligence)
The reason why I respect him is his diligence.

英文法のまとめ 50
📄 ルールを確認しよう　理由を表す関係副詞 why

　名詞を後ろから修飾するものの1つに関係副詞があります。理由を表す関係副詞は why です。理由ですので、先行詞は reason になります。そしてその内容を why 以下で説明します。
修飾される名詞：理由＝the reason
その内容：あなたが彼女に同意する＝you agree with her
→ あなたが彼女に同意する理由＝the reason why you agree with her
　関係副詞全体に言えることですが、先行詞や関係詞を省略できます。
I don't know (the reason) why you agree with her.

STAGE2. Unit51

彼女が本当に怒った時

the time when she was really angry

表現と語句を覚えよう　　　　　　　　　　　CD1 51

☐ 1) 彼女が本当に怒った時
　　the time (when) (she) (was) (really) (angry)

☐ 2) これを君が後悔する時
　　the time (when) (you) (will) (regret) (this)

☐ 3) 私たちが平和に生活する時
　　the time (when) (we) (will) (live) (in) (peace)

☐ 4) 私たちが協力しなければならない時
　　the time (when) (we) (have) (to) (cooperate)

☐ 5) コンピュータが私たちを支配する時
　　the time (when) (computers) (will) (control) (us)

▶▶ **間違いがわかるようにしよう**

☐ 1) コンピュータが私たちを支配する時を予測できません。
　　We cannot predict the time as computers will control us.
　　　　　　　　　　　　　　(the time as → the time when)

☐ 2) 私たちが協力しなければならない時はすぐに来るでしょう。
　　The time for we must cooperate will come soon.
　　　　　　　　　　　　　　(time for → time when)

☐ 3) 私は彼女が私たちに本当に腹を立てていた時を決して忘れません。
　　I will never forget the time which she was really angry with us.
　　　　　　　　　　　　　　(time which → time when)

☐ 4) 皆が平和に暮らせる時を楽しみにしています。
　　I am looking forward to the time of everybody can live in peace.
　　　　　　　　　　　　　　(time → time when)

▶▶▶ 質問してみよう

☐ 1) コンピュータが私達を支配するときを予測できますか。
Can you predict the time when computers will control us?
No. I cannot predict the time when computers will control us.

☐ 2) 私達が協力しなければならない時がすぐに来るでしょうか。
Will the time when we must cooperate come soon?
Yes. The time when we must cooperate will come soon.

☐ 3) あなたは彼女があなた達に本当に腹を立てていた時を決して忘れませんか。
Will you never forget the time when she was really angry with you?
No. I will never forget the time when she was really angry with us.

☐ 4) あなたは皆が平和に暮らせる時が来ることを楽しみにしていますか。
Are you looking forward to the time when everybody can live in peace?
Yes. I am looking forward to the time when everybody can live in peace.

▶▶▶ 文を書いてみよう

☐ 1) 地球が破壊される時が来ると思いますか。（破壊される＝be destroyed）
Do you think the time when the earth will be destroyed will come?.

☐ 2) 次のバスが来る時間を知っていますか。
Do you know the time when the next bus comes?

☐ 3) 私が朝食を取る時間は午前7時です。
The time when I have breakfast is at 7 in the morning.

☐ 4) あなたが今日彼と会う時間を教えてください。
Please tell me the time when you will see him today.

英文法のまとめ51

ルールを確認しよう　時・時間を表す関係副詞when

名詞を後ろから修飾するものの1つに関係副詞があります。時、時間を表す関係副詞はwhenです。先行詞は time になります。そしてその内容を when 以下で説明します。

修飾される名詞：時間＝the time
その内容：会議が始まる＝the meeting starts
→ 会議が始まる時間＝the time when the meeting starts
関係副詞全体に言えることですが、先行詞や関係詞を省略できます。
I don't know (the time) when the meeting starts.

STAGE2・Unit52

リラックスできる場所
the place where we can relax

表現と語句を覚えよう

☐ 1) リラックスできる場所
　　the place (where) (we) (can) (relax)

☐ 2) 私たちが初めて会った場所
　　the place (where) (we) (met) (for) (the) (first) (time)

☐ 3) 昨晩食事をしたレストラン
　　the restaurant (where) (we) (had) (dinner) (last) (night)

☐ 4) パーティーが開かれる場所
　　the place (where) (the) (party) (will) (be) (held)

☐ 5) 私が1年間住んだ国
　　the country (where) (I) (lived) (for) (a) (year)

▶▶ 間違いがわかるようにしよう

☐ 1) ここが私たちが昨晩食事をしたレストランです。
　　This is the restaurant which we had dinner last night.
　　　　　　　　　　　　　(restaurant which → restaurant where)

☐ 2) パーティーが開かれる場所を誰も知りません。
　　Nobody knows the place of the party will be held.
　　　　　　　　　　　　　(place of → place where)

☐ 3) 会社にはリラックスできる場所がありません。
　　There is no place for we can relax in our company. (place for → place where)

☐ 4) 私は私たちが初めて会った場所をよく覚えています。
　　I remember well the place of we met for the first time.
　　　　　　　　　　　　　(place of → place where)

☐ 5) 私が1年間住んだ国をもう1度訪れたい。
　　I want to visit again the country is I lived for a year.
　　　　　　　　　　　　　(country is → country where)

▶▶ 質問してみよう

☐ 1) ここがあなたたちが昨晩食事をしたレストランですか。
Is this the restaurant where you had dinner last night?
Yes. This is the restaurant where we had dinner last night.

☐ 2) パーティーが開かれる場所を誰が知っているのですか。
Who knows the place where the party will be held?
Nobody knows the place where the party will be held.

☐ 3) 会社にはリラックスできる場所がありますか。
Is there any place where you can relax in your company?
No. There is no place where we can relax in our company.

☐ 4) あなたはあなたたちが初めて会った場所をよく覚えていますか。
Do you remember well the place where you met for the first time?
Yes. I remember well the place where we met for the first time.

▶▶ 文を書いてみよう

☐ 1) 私はワールドカップの試合が開かれたスタジアムを訪ねました。
I visited the stadium where the World Cup game was held.

☐ 2) 居間の長いすが私の昼寝をする場所です。
The couch in the living room is the place where I take a nap.

☐ 3) 明日会う場所を決めましょう。
Let's decide the place where we will meet tomorrow.

☐ 4) 私は交換留学生として過ごした国をもう一度訪ねたい。
I want to visit again the country where I stayed as an exchange student.

英文法のまとめ 52

📖 ルールを確認しよう　場所を表す関係副詞 where

　名詞を後ろから修飾するものの1つに関係副詞があります。場所を表す関係副詞は where です。場所ですので先行詞は place になります。そしてその内容を where 以下で説明します。
修飾される名詞：場所＝a place
その内容：リラックスできる＝I can relax
→ リラックスできる場所＝a place where I can relax
　関係副詞の where の場合も、先行詞や関係副詞を省略できます。
I am looking for (a place) where I can relax.

STAGE2. Unit53

私のストレス対処法

the way / how I cope with stress

表現と語句を覚えよう　　　　　　　　　　　CD1 53

☐ 1) 私のストレス対処法
　　the way (I) (cope) (with) (stress)
☐ 2) 私の商売の方法
　　the way (I) (do) (business)
☐ 3) 彼と連絡を取る方法
　　how (I) (can) (contact) (him)
☐ 4) 私が問題を解いた方法
　　how (I) (solved) (the) (problem)
☐ 5) 私の休日の過ごし方
　　how (I) (spend) (the) (holiday)

▶▶ 間違いがわかるようにしよう

☐ 1) これが私の休日の過ごし方です。
　　This is how should I spend the holiday. (should I spend → I spend)
☐ 2) 私のストレス対処法は友達と話すことです。
　　Talking with my friends is the way which I cope with stress.
　　　　　　　　　　　　　　　　　(the way which → the way)
☐ 3) 彼女は私がその問題を解いた方法を知りたがっている。
　　She wants to know how did I solve the problem.
　　　　　　　　　　　　　　　　　(did I solve → I solved)
☐ 4) 彼女が彼と連絡を取る方法を教えてくれた。
　　She told me the way how I can contact him. (the way how → how)
☐ 5) 私の商売の方法は単純です。
　　The way how I do business is simple. (the way how → the way)

▶▶ 質問してみよう

☐ 1) これがあなたの休日の過ごし方ですか。
　　Is this how you spend the holiday?
　　Yes. This is how I spend the holiday.

☐ 2) あなたのストレス解消方は友達と話すことですか。
　　Is talking with your friends the way you cope with stress?
　　Yes. Talking with my friends is the way I cope with stress.

☐ 3) 彼女はあなたが問題を解いた方法を知りたがっていますか。
　　Does she want to know how you solved the problem?
　　Yes. She wants to know how I solved the problem.

☐ 4) 彼女が彼との連絡方法を教えてくれたのですか。
　　Did she tell you how you can contact him?
　　Yes. She told me how I can contact him.

▶▶ 文を書いてみよう

☐ 1) あなたの英語の勉強方を教えてください。
　　Please tell me the way you study English.

☐ 2) これが私のスケジュールの作り方です。
　　This is how I make my schedule.

☐ 3) これが私のインターネットの使い方です。
　　This is the way I use the Internet.

☐ 4) あなたの休日の過ごし方はユニークです。
　　The way you spend the holiday is unique.

英文法のまとめ❺❸

📄 ルールを確認しよう　方法を表す関係副詞 the way/how

　名詞を後ろから修飾するものの１つに関係副詞があります。**方法を表す関係副詞は the way/how** を使って表します。時を表す関係副詞でのところで the time when のどちらかを省略してもよいと学びましたが、方法の関係副詞はどちらか一方しか使えません。両方同時に使わないので気をつけましょう。

修飾される名詞・関係副詞：方法＝the way, how
その内容：私が英語を勉強する＝I study English
→ 私の英語の勉強法＝the way/how I study English
〔誤〕the way how I study English

STAGE2 Unit54

私の一番好きな車
the car I like best

表現と語句を覚えよう　　CD1 54

☐ 1) 私の一番好きな車
　　the car [which] (I) (like) (best)
☐ 2) 私の尊敬する人
　　the person [whom] (I) (respect)
☐ 3) 私が買ったコンピュータ
　　the computer [which] (I) (bought)
☐ 4) 私が好きな歌手
　　the singer [whom] (I) (like)
☐ 5) 私が読んだ本
　　the book [which] (I) (read)

▶▶ 間違いがわかるようにしよう

☐ 1) 私の好きな歌手は韓国の歌手です。
　　The singer I like her is a Korean singer. (I like her → I like)
☐ 2) 私が買ったコンピュータは中古です。
　　The computer bought is a used one.
　　　　　　　　　　　(computer bought → computer I bought)
☐ 3) 私が尊敬する人はオバマ大統領です。
　　The person who I respect is President Obama.
　　　　　　　　　　　　　　(who I respect → I respect)
☐ 4) 私が一番好きな車はハイブリッド車です。
　　The car which is I like best is a hybrid car. (which is I like → I like)
☐ 5) 私の読んだ本はとても読みにくかった。
　　The book I read it was very difficult to read. (I read it → I read)

124

▶▶ 質問してみよう

☐ 1) あなたが好きな歌手は韓国の歌手ですか。
　　Is the singer you like a Korean singer?
　　Yes. The singer I like is a Korean singer.

☐ 2) あなたが買ったコンピュータは中古ですか。
　　Is the computer you bought a used one?
　　Yes. The computer I bought is a used one.

☐ 3) あなたが尊敬する人はオバマ大統領ですか。
　　Is the person you respect President Obama?
　　Yes. The person I respect is President Obama.

☐ 4) あなたが一番好きな車はハイブリッド車ですか。
　　Is the car you like best a hybrid car?
　　Yes. The car I like best is a hybrid car.

▶▶ 文を書いてみよう

☐ 1) 私が買った車は中古車です。
　　The car I bought is a used one.

☐ 2) 私が尊敬する歌手はアメリカの歌手です。
　　The singer I respect is an American singer.

☐ 3) 私が一番好きな小説は空想科学小説です。
　　The novel I like best is science fiction.

☐ 4) 私が今使っているコンピュータは日本製です。
　　The computer I am using now is made in Japan.

英文法のまとめ54

ルールを確認しよう　関係代名詞の省略

名詞を後ろから修飾するものの1つに関係代名詞がありますが、関係代名詞を省略するケースもあります。関係代名詞の先行詞（名詞）が関係詞節内の動詞の目的語になっているときです。

私は本を買った。I bought the book.
　　　　　　　　　S　V　　O
私が買った本→the book [which] I bought→the book I bought
私はその人を尊敬する。I respect the person
　　　　　　　　　　　S　V　　O
私が尊敬する人→the person [whom] I respect→the person I respect

STAGE2. Unit55

父親が大学教授の友達

A friend whose father is a college professor

表現と語句を覚えよう

☐ 1) 父親が大学教授の友達
   a friend (whose) (father) (is) (a) (college) (professor)

☐ 2) 妹が歌手の友達
   a friend (whose) (sister) (is) (a) (singer)

☐ 3) 屋根が赤い家
   the house (whose) (roof) (is) (red)

☐ 4) ドアが緑のアパート
   the apartment (whose) (door) (is) (green)

☐ 5) 英語プログラムがすばらしい大学
   the university (whose) (English) (program) (is) (excellent)

▶▶ 間違いがわかるようにしよう

☐ 1) その屋根が赤い家が私の家です。
   The house which roof is red is mine. (which roof → whose roof)

☐ 2) そのドアが緑のアパートが彼のアパートです。
   The apartment that door is green is his apartment.
   (that door → whose door)

☐ 3) 私には親が大学教授の友達がいます。
   I have a friend his father is a college professor.
   (his father → whose father)

☐ 4) 彼女には妹が歌手の友達がいます。
   She has a friend with sister is a singer. (with sister → whose sister)

☐ 5) 私は英語プログラムがすばらしい大学を探しています。
   I am looking for a university its English program is excellent.
   (its English program → whose English program)

▶▶ 質問してみよう

☐ 1) その屋根が赤い家があなたの家ですか。
　　Is the house whose roof is red your house?
　　Yes. The house whose roof is red is my house.

☐ 2) ドアが緑のアパートが彼のアパートですか。
　　Is the apartment whose door is green his apartment?
　　Yes. The apartment whose door is green is his apartment.

☐ 3) あなたには親が大学教授の友達がいますか。
　　Do you have a friend whose father is a college professor?
　　Yes. I have a friend whose father is a college professor.

☐ 4) 彼女には妹が歌手の友達がいますか。
　　Does she have a friend whose sister is a singer?
　　Yes. She has a friend whose sister is a singer.

▶▶ 文を書いてみよう

☐ 1) 私には父親がプロゴルファーの友達がいます。
　　I have a friend whose father is a professional golfer.

☐ 2) 彼女には兄が俳優の友達がいます。
　　She has a friend whose brother is an actor.

☐ 3) そのドアが白い家が私の家です。
　　The house whose door is white is my house.

☐ 4) そのカバーがステンレスのコンピュータは私のコンピュータです。
　　The computer whose cover is stainless is my computer.

英文法のまとめ 55

📖 ルールを確認しよう　関係代名詞の所有格

　名詞を後ろから修飾するものの1つに関係代名詞があります。先行詞の所有しているものを表す場合「その〜が」は whose を使います。先行詞が人の場合でも、物の場合でも同じく whose を使います。

友達：その父親が大学教授である
A friend whose father is a college professor

家：その屋根が赤い
the house whose roof is red

STAGE2・Unit56

2人の子供とともに母親が

a mother with her two children

表現と語句を覚えよう　CD1 56

☐ 1) 2人の子供とともに母親が
　　a mother (with) her two children
☐ 2) 学生たちと一緒に先生が
　　the teacher (together) (with) her students
☐ 3) 野球と同様にサッカーは
　　soccer (as) (well) (as) baseball
☐ 4) 歌と同様にダンスが
　　dances (as) (well) (as) songs
☐ 5) 英語と同様に中国語が
　　Chinese (as) (well) (as) English

▶▶ 間違いがわかるようにしよう

☐ 1) 英語と同様に中国語がその学生たちの間で人気です。
　　Chinese so well as English is popular among the students.
　　　　　　　　　　　　　　　　(so well as → as well as)
☐ 2) 学生たちと一緒に先生が事故に巻き込まれました。
　　The teacher together her students was involved in the accident.
　　　　　　　　　　　　　　　　(together → together with)
☐ 3) 歌と同様に踊りがカリキュラムに含まれています。
　　Dancing as much as singing is included in the curriculum.
　　　　　　　　　　　　　　　　(as much as → as well as)
☐ 4) 2人の子供とともに母親が入院しました。
　　A mother of her two children was hospitalized. (of → with)
☐ 5) 野球と同様にサッカーが小学生の間で人気になっています。
　　Soccer as good as baseball is popular among elementary students.
　　　　　　　　　　　　　　　　(as good as → as well as)

▶▶ 質問してみよう

1) 英語と同様に中国語がその学生の間で人気になっていますか。
   Is Chinese as well as English popular among the students?
   Yes. Chinese as well as English is popular among the students.

2) 学生たちと一緒に先生が事故に巻き込まれましたか。
   Was the teacher as well as her students involved in the accident?
   Yes. The teacher as well as her students was involved in the accident.

3) 歌と同様に踊りがカリキュラムに含まれていますか。
   Is dancing as well as singing included in the curriculum?
   Yes. Dancing as well as singing is included in the curriculum.

4) 2人の子供とともに母親が入院しましたか。
   Was a mother with her two children hospitalized?
   Yes. A mother with her two children was hospitalized.

▶▶ 文を書いてみよう

1) 2匹の犬とともにその男が私たちを訪ねてきました。
   The man with two dogs visited us.

2) テニスと同様にゴルフが私の趣味です。
   Golf as well as tennis is my hobby.

3) 十分な睡眠と同様に休息が良い仕事には必要です。
   Resting as well as sleeping enough is necessary for good work.

4) 日本のドラマと同様に韓国のドラマが女性の間で人気です。
   Korean dramas as well as Japanese dramas are popular among women.

英文法のまとめ56

📘 ルールを確認しよう　名詞に付随する表現

名詞に付随する表現は with ~ 「~とともに」が一般的ですが、そのほかにも together with ~ 「~と一緒に」や as well as ~ 「~と同様に」がよく使われます。このような表現で注意することは、動詞をこのような表現の前の名詞に合わせることです。

A mother	with her two children	was hospitalized.
母親が	2人の子供とともに	入院しました
Soccer	as well as baseball	is popular among elementary students.
サッカーが	野球と同様に	小学生の間で人気があります

STAGE2. Unit 57

乗務員ばかりでなく乗客も
not only the crew but also the passengers

表現と語句を覚えよう

☐ 1) 乗務員ばかりでなく乗客も
(not) (only) the crew (but) (also) the passengers

☐ 2) 社員でなく社長が
(not) the staff (but) the president

☐ 3) あなたか私のどちらかが
(either) you (or) I

☐ 4) 運転手とガイドさんの両方
(both) the driver (and) the guide

☐ 5) あなたも私もどちらも〜ない
(neither) you (nor) I

▶▶ 間違いがわかるようにしよう

☐ 1) あなたも私もその事故に対しての責任はない。
Neither you or I am responsible for the accident. (or → nor)

☐ 2) 社員でなく社長が彼らに謝るべきだ。
Not the staff or the president should apologize to them. (or → but)

☐ 3) 私かあなたのどちらかがそれをしなければならない。
Either I but you must do it. (but → or)

☐ 4) 乗客ばかりでなく乗務員も興奮していた。
Not only the passengers and also the crew were excited.
(and also → but also)

☐ 5) 運転手とガイドさん両方とも大変疲れていた。
Both the driver as well as the guide were very tired. (as well as → and)

▶▶ 質問してみよう

☐ 1) あなたも私もその事故に対して責任がありませんか。

Are neither you nor I responsible for the accident?
No. Neither you nor I am responsible for the accident.

☑ 2) 社員でなく社長が彼らに謝るべきですか。
Should the president, not the staff, apologize to them?
Yes. Not the staff but the president should apologize to them.

☑ 3) あなたか私のどちらかがそれをしなければなりませんか。
Must either you or I do it?
Yes. Either I or you must do it.

☑ 4) 乗客ばかりでなく乗務員も興奮していましたか。
Were not only the passengers but also the crew excited?
Yes. Not only the passengers but also the crew were excited.

▶▶ 文を書いてみよう

☑ 1) コーチと選手両方ともその結果に満足していた。
Both the coach and players were satisfied with the result.

☑ 2) デザインだけでなく色もとても素敵です。
Not only the design but also the color is very nice.

☑ 3) パスポートか運転免許証が必要です。
Either a passport or a driver's license is necessary.

☑ 4) 辞書も計算機もこの試験では許されていません。
Neither a dictionary nor a calculator is allowed in this test.

英文法のまとめ 57

📄 ルールを確認しよう　名詞を並列する表現

名詞を並列する表現でよく使われるものは both A and B「AもBも両方」、either A or B「AかBかどちらか」、not A but B「AではなくB」、not only A but also B「AばかりでなくBも」、neither A nor B「AでもなくBでもない」などです。これらの表現で注意する点は動詞との一致です。or / but を使う表現は or / but の後にくる名詞と動詞を合わせます。

AかBかどちらか : either A or B
Either you or I am supposed to do it.
（あなたか私のどちらかがそれをすることになっています）

AではなくB : not A but B
Not I but you are supposed to do it.
（私ではなくあなたがそれをすることになっています）

STAGE2. Unit58

彼が課長に昇進したこと
that he was promoted section chief

表現と語句を覚えよう

☐ 1) 彼が課長に昇進したこと
   (that) he was promoted to section chief

☐ 2) 私が彼女から多くのことを期待しているということ
   (that) I expect a lot from her

☐ 3) 誰もそのことを知らないということ
   (that) nobody knows about it

☐ 4) あなたがそれに興味を持っているということ
   (that) you are interested in it

☐ 5) あなたがミスを犯したということ
   (that) you made a mistake

▶▶ 間違いがわかるようにしよう

☐ 1) あなたがそれに興味を持っていることは驚きだ。
   You are interested in it is surprising.
   (You are interested → That you are interested)

☐ 2) 彼が課長に昇進したことは奇跡だ。
   He was promoted to section chief is a miracle.
   (He was promoted → That he was promoted)

☐ 3) 誰もそのことを知らないということが問題です。
   Nobody knows about it is a problem.
   (Nobody knows → That nobody knows)

☐ 4) 私が彼女から多くのことを期待していることは皆に知られている。
   I expect her a lot is known to everybody. (I expect → That I expect)

☐ 5) あなたがミスを犯したということが心配です。
   You made a mistake worries me.
   (You made a mistake → That you made a mistake)

▶▶ 前のページの正解文をItを使って書き換えよう

例) That she is nice is known → It is known that she is nice.
- 1) あなたがそれに興味を持っていることは驚きだ。
  It is surprising that you are interested in it.
- 2) 彼が課長に昇進したことは奇跡だ。
  It is a miracle that he was promoted to section chief.
- 3) 誰もそのことを知らないということが問題です。
  It is a problem that nobody knows about it.
- 4) 私が彼女から多くのことを期待しているということは皆に知られている。
  It is known that I expect a lot from her.

▶▶ 文を書いてみよう

- 1) 英語が国際語であることはよく知られている。
  That English is an international language is well known. / It is well known that English is an international language.
- 2) ハイブリッド車の人気が出てきているということは驚くべきことではない。
  That the hybrid car is getting popular is not surprising. / It is not surprising that the hybrid car is getting popular.
- 3) 彼がその大学に受かったということは奇跡だ。
  That he was admitted to that college is a miracle. / It is a miracle that he was admitted to that college.
- 4) 彼女が職を失ったということが心配です。
  That she lost her job worries me. / It worries me that she lost her job.

英文法のまとめ 58

ルールを確認しよう　名詞節that文

　文を名詞として使うには、文の前に that を置きます。「that 文」は代表的な名詞節になります。名詞節は名詞ですので当然主語として使えます。しかし、「that 文」を主語にすると頭が重くなってしまいますので、It を頭に使って「that 文」を後ろに回すことによって、頭を軽くすることができます。次のプロセスを確認しましょう。

That she speaks excellent English　is well known.
It is well known　that she speaks excellent English.
(彼女がすばらしい英語を話すということはよく知られています)

STAGE2. Unit 59

私が信じること

what I believe

表現と語句を覚えよう

☐ 1) 私が信じること
   (*what*) I believe
☐ 2) 私が会議で言ったこと
   (*what*) I said at the meeting
☐ 3) 私が彼女に話したこと
   (*what*) I told her
☐ 4) 私が彼から聞いたこと
   (*what*) I heard from him
☐ 5) 私が約束したこと
   (*what*) I promised

▶▶ 間違いがわかるようにしよう

☐ 1) 私は私が約束したことを実行します。
   I will fulfill which I promised. (which → what)
☐ 2) 私は自分が信じることを行います。
   I will do that I believe. (that → what)
☐ 3) 私が会議で言ったことは見当違いでした。
   I said at the meeting missed the point. (I said → What I said)
☐ 4) それは私が彼女に話したことと違います。
   It is different from which I told her. (which → what)
☐ 5) 私が彼から聞いたことは彼が禁煙したということでした。
   That I heard from him was that he stopped smoking.
                    (That I heard → What I heard)

▶▶ 質問してみよう

☐ 1) あなたはあなたが約束したことを実行しますか。

Will you fulfill what you promised?
Yes. I will fulfill what I promised.

☐ 2) あなたはあなたが信じることを行いますか。
Will you do what you believe?
Yes. I will do what I believe.

☐ 3) あなたが会議で言ったことは見当違いでしたか。
Did what you said at the meeting miss the point?
Yes. What I said at the meeting missed the point.

☐ 4) それはあなたが彼女に言ったことと違いますか。
Is it different from what you told her?
Yes. It is different from what I told her.

▶▶ 文を書いてみよう

☐ 1) 私は自分がすべきことは分かっています。
I know what I should do.

☐ 2) 彼は彼がしたことを後悔しています。
He regrets what he has done.

☐ 3) 君の言っている意味は分かります。
I know what you mean.

☐ 4) あなたが私にしてくれたことは決して忘れません。
I will never forget what you have done for me.

英文法のまとめ59

ルールを確認しよう　関係代名詞 what

関係代名詞の what は先行詞を含むので名詞として使うことができます。意味は「～であるもの、～すること」などとなります。下の例で確認しましょう。

彼がすること
　　　the thing which he does
　　　what he does

重要なもの・こと
　　　the thing which is important
　　　what is important

STAGE2. Unit 60

誰がパーティーに来るか
who will come to the party

表現と語句を覚えよう

- 1) 誰がパーティーに来るか
  (who) will come to the party
- 2) 彼女がどこに住んでいるか
  (where) she lives
- 3) 会議がいつ始まるか
  (when) the meeting starts
- 4) どうやって彼と連絡を取れるか
  (how) I can contact him
- 5) あなたが何をしたいか
  (what) you want to do

▶▶ **間違いがわかるようにしよう**

- 1) どうやって彼と連絡を取れるかわかりません。
  I don't know how can I contact him. (how can I → how I can)
- 2) 私はあなたが何をしたいのかわかりません。
  I don't know what do you want to do.
  (do you want to do → you want to do)
- 3) 誰がパーティーに来るか誰も知りません。
  Nobody knows that who will come to the party. (that who → who)
- 4) 私は彼女がどこに住んでいるか知っています。
  I know where does she live. (does she live → she lives)
- 5) 会議がいつ始まるかわかりません。
  I don't know when does the meeting start.
  (does the meeting start → the meeting starts)

▶▶▌ 質問してみよう

☐ 1) どうやったら私は彼と連絡が取れるか知っていますか。
Do you know how I can contact him?
No. I don't know how you can contact him.

☐ 2) あなたは私が何をしたいのかわかりますか。
Do you know what I want to do?
No. I don't know what you want to do.

☐ 3) パーティーに誰が来るのか誰か知っていますか。
Does anybody know who will come to the party?
No. Nobody knows who will come to the party.

☐ 4) あなたは彼女はどこに住んでいるか知っていますか。
Do you know where she lives?
No. I don't know where she lives.

▶▶▌ 文を書いてみよう

☐ 1) あなたの会社がどこにあるのか教えてください。
Please tell me where your company is.

☐ 2) 誰が会議に出席するか誰も知りません。
Nobody knows who will attend the meeting.

☐ 3) 彼が何を言おうとしているのかわかりません。
I don't know what he is trying to say.

☐ 4) あなたが私たちから何を期待しているのか彼女は知りたがっています。
She wants to know what you expect from us.

英文法のまとめ❻⓪

ルールを確認しよう　疑問詞を使った名詞節

疑問文は名詞として使うことができます。すなわち関係代名詞の what や that+ 文の名詞節のように、疑問文を文の主語や目的語として使えます。ただし、条件付きです。それは疑問詞の後の語順を「主語＋動詞」に戻すことです。

Where does he live?（彼はどこに住んでいますか）
I know where he lives.
（彼がどこに住んでいるか私は知っています）
Where is the meeting held?（会議はどこで開かれますか）
Where the meeting is held is a secret.
（会議がどこで開かれているかは秘密です）

If he comes here

as tall as you

epest this oint

STAGE 3
重要構文編
Unit 61 〜 Unit 90

Being tired,

prefer coffee to tea

neve repe the sa

How strange it is!

STAGE3・Unit61

彼のと同じくらいすてき
as nice as his

表現と語句を覚えよう

1) 彼のと同じくらいすてき
   (as) (nice) (as) his
2) あなたのと同じくらい速い
   (as) (fast) (as) yours
3) 彼女のと同じくらい高価
   (as) (expensive) (as) hers
4) 私たちのと同じくらいすばらしい
   (as) (wonderful) (as) ours
5) 彼らのと同じくらい若い
   (as) (young) (as) theirs

▶▶ 間違いがわかるようにしよう

1) 彼女の友達は彼の友達と同じくらい親切だ。
   Her friend is too kind as his. (too kind → as kind)
2) 私の大学は彼女の大学と同じくらい有名だ。
   My university is so famous as hers. (so famous → as famous)
3) 彼のコンピュータはあなたのコンピュータと同じくらい速い。
   His computer is very fast as yours. (very fast → as fast)
4) あなた方の上司は彼らの上司と同じくらい若い。
   Your boss is as young to theirs. (to theirs → as theirs)
5) あなた方の工場は私たちの工場と同じくらい近代的だ。
   Your factory is such modern as ours. (such modern → as modern)

▶▶ 質問してみよう

1) 彼女の友達は彼の友達と同じくらい親切ですか。
   Is her friend as kind as his?

Yes. Her friend is as kind as his.

☐ 2) あなたの大学は彼女の大学と同じくらい有名ですか。

　　Is your university as famous as hers?

　　Yes. My university is as famous as hers.

☐ 3) 彼のコンピュータはあなたのコンピュータと同じくらい速いですか。

　　Is his computer as fast as yours?

　　Yes. His computer is as fast as mine.

☐ 4) 私たちの上司は彼らの上司と同じくらい若いですか。

　　Is our boss as young as theirs?

　　Yes. Your boss is as young as theirs.

▶▶ 文を書いてみよう

☐ 1) 私は私の友達と同じくらい緊張していた。

　　I was as nervous as my friend (was).

☐ 2) 私はあなたと同じくらい短気です。

　　I am as short-tempered as you (are).

☐ 3) 私の車はあなたの車と同じくらい環境に優しい。(環境に優しい = environmentally friendly)

　　My car is as environmentally friendly as yours.

☐ 4) 旅行者にとって運転免許はパスポートと同じくらい重要です。

　　Driver's licenses are as important as passports for tourists.

英文法のまとめ61

ルールを確認しよう　同等比較

物を比較することは日常生活で頻繁に行われます。基本的な比較表現を覚えましょう。AとBが同じくらいであることを表すには as 〜 as … = 「…と同じくらい〜」という同等比較を使います。

…と同じくらい〜：as 〜 as …

He is as rich as his friend. (彼は彼の友達と同じくらい金持ちだ)

His car is as expensive as his friend's.
(彼の車は彼の友達の車と同じくらい高価だ)

STAGE3. Unit62

あなたのより速い

faster than yours

表現と語句を覚えよう

☐ 1) あなたのより速い
   (faster) (than) yours
☐ 2) 彼女のより高価
   (more) (expensive) (than) hers
☐ 3) 彼のより親切
   (kinder) (than) his
☐ 4) 彼らのより若い
   (younger) (than) theirs
☐ 5) 私たちのよりすばらしい
   (more) wonderful (than) ours

▶▶ 間違いがわかるようにしよう

☐ 1) あなた方の都市は私たちの都市よりすばらしい。
   Your city is wonderfuller than ours.
                    (wonderfuller → more wonderful)
☐ 2) 彼女のコーチは彼のコーチより親切だ。
   Her coach is more kind than his. (more kind → kinder)
☐ 3) 私の会社は彼女の会社より有名だ。
   My company is famouser than hers. (famouser → more famous)
☐ 4) 私の車はあなたの車より速い。
   My car is more fast than yours. (more fast → faster)
☐ 5) あなた方の校長は彼らの校長より若い。
   Your principal is more young than theirs.
                           (more young → younger)

▶▶ 質問してみよう

1) あなた方の都市は私たちの都市よりすばらしいですか。
   Is your city more wonderful than ours?
   Yes. Our city is more wonderful than yours.
2) 彼女のコーチは彼のコーチより親切ですか。
   Is her coach kinder than his?
   Yes. Her coach is kinder than his.
3) あなたの会社は彼女の会社より有名ですか。
   Is your company more famous than hers?
   Yes. My company is more famous than hers.
4) あなたの車は私の車より速いですか。
   Is your car faster than mine?
   Yes. My car is faster than yours.

▶▶ 文を書いてみよう

1) 私は私の友達より緊張していた。
   I was more nervous than my friend (was).
2) 私はあなたより辛抱強いです。(辛抱強い = patient)
   I am more patient than you (are).
3) 私の車はあなたの車より環境に優しい。
   My car is more environmentally friendly than yours.
4) この新しい携帯電話は古いのより使いやすい。(使いやすい = easy to use)
   This new cell phone is easier to use than the old one.

英文法のまとめ62

ルールを確認しよう　比較級

「AがBよりも〜」の比較級の表し方は2通りあります。〜 er than … と more 〜 than … です。どちらを使うかは形容詞や副詞の母音の数によります。

母音が1つ：〜 er than …
母音が2つ以上：more 〜 than …

He is richer than his friend.（彼は彼の友達より金持ちだ）
＊rich / rıtʃ / は母音が1つ
His car is more expensive than his friend's.
（彼の車は彼の友達の車より高価だ）
＊expensive / ıkspénsıv / は母音が3つ

STAGE3. Unit63

世界中で最もすばらしい

the most wonderful in the world

表現と語句を覚えよう　　CD1 63

☐ 1) 世界中で最もすばらしい
　　(the) (most) (wonderful) (in) the world
☐ 2) すべての車の中で最も速い
　　(the) (fastest) (of) all cars
☐ 3) 日本で一番速い
　　(the) (fastest) (in) Japan
☐ 4) ここにいるコーチの中で一番親切
　　(the) (kindest) (of) the coaches here
☐ 5) 我々教授の中で最も若い
　　(the) (youngest) (of) our professors

▶▶ **間違いがわかるようにしよう**

☐ 1) 彼はこの大学の教授の中で最も若い。
　　He is the most young in the professors of this university.
　　　　　　　　　　　　　　　(most young in → youngest of)
☐ 2) この都市は世界で一番すばらしい都市だ。
　　This city is the most wonderful of the world. (of → in)
☐ 3) このコーチがここにいるコーチの中で一番親切です。
　　This coach is the most kind of the coaches here.
　　　　　　　　　　　　　　　(most kind → kindest)
☐ 4) この車はすべての車の中で最も速い。
　　This car is the fastest in all cars. (in → of)

▶▶ **質問してみよう**　　CD2 32

☐ 1) この車はすべての車の中で最も速いですか。
　　Is this car the fastest of all cars?

Yes. This car is the fastest of all cars.

☐ 2) 彼はこの大学の教授の中で最も若いですか。
　　Is he the youngest of the professors of this university?
　　Yes. He is the youngest of the professors of this university.

☐ 3) この都市は世界で一番すばらしい都市ですか。
　　Is this city the most wonderful in the world?
　　Yes. This city is the most wonderful in the world.

☐ 4) このコーチがここのコーチの中で一番親切ですか。
　　Is this coach the kindest of the coachers here?
　　Yes. This coach is the kindest of the coaches here.

▶▶ 文を書いてみよう

☐ 1) 私は候補者の中で最も緊張していた。(候補者 = candidate)
　　I was the most nervous of all the candidates.

☐ 2) 私は私の友達の中で最も辛抱強いです。
　　I am the most patient of all my friends.

☐ 3) この車はすべての車の中で最も環境に優しい。
　　This car is the most environmentally friendly of all cars.

☐ 4) 彼がこのサッカーチームの中で最も背が高い。
　　He is the tallest in this soccer team.

英文法のまとめ 63

📄 ルールを確認しよう　最上級

「Aが〜の中で最も…」の最上級の表し方で注意する点が2つあります。1つは比較級と同じく母音の数で the 〜 est にするか、the most 〜 にするかが決まることです。もう1つは、最上級の後ろを of にするか in にするかですが、人や物の中で比べている場合は of、集合体や場所の中で比べている場合は in を使います。

Aが〜の中で最も…

the … est / most … of 〜 (人や物の中で比べる：of)

the … est / most … in 〜 (集合体や場所の中で比べる：in)

He is the **tallest of all the players**. (彼は選手の中で最も背が高い)
He is the **tallest in his team**. (彼はチームの中で最も背が高い)
This car is the **most expensive of all cars**. (この車はすべての車の中で最も高価だ)
This car is the **most expensive in the world**. (この車は世界で一番高価だ)

STAGE3. Unit64

２つの間でより安い方
the cheaper of the two

表現と語句を覚えよう　　　　　　　　　　　　CD1 64

☐ 1) ２つの間でより安い方
　　(the) (cheaper) (of) the two
☐ 2) ２つの間でより高価な方
　　(the) (more) (expensive) (of) the two
☐ 3) ２つの間でより古い方
　　(the) (older) (of) the two
☐ 4) ２つの間でより大きい方
　　(the) (bigger) (of) the two
☐ 5) ２つの間でより人気がある方
　　(the) (more) (popular) of the two

▶▶ **間違いがわかるようにしよう**

☐ 1) こちらが２つのテレビのうちより人気がある方です。
　　This is the popular of the two TV sets.
　　　　　　　　　　　(the popular → the more popular)
☐ 2) 私の家はあの２つの家の大きい方です。
　　My house is the big of those two houses. (the big → the bigger)
☐ 3) 彼女は２つのドレスのうちより高い方を買った。
　　She bought the more expensive in the two dresses. (in → of)
☐ 4) 彼は２つのカメラのうち安い方を選んだ。
　　He chose cheaper of the two cameras. (cheaper → the cheaper)

▶▶ **質問してみよう**　　　　　　　　　　　　CD2 32

☐ 1) こちらが２つのテレビのうちより人気がある方ですか。
　　Is this the more popular of the two TV sets?
　　Yes. This is the more popular of the two TV sets.

☐ 2) あなたの家はあの2つの家の大きい方ですか。
　　Is your house the bigger of those two houses?
　　Yes. My house is the bigger of those two houses.
☐ 3) 彼女は2つのドレスのうちより高い方を買いましたか。
　　Did she buy the more expensive of the two dresses?
　　Yes. She bought the more expensive of the two dresses.
☐ 4) 彼は2つのカメラのうちより安い方を選びましたか。
　　Did he choose the cheaper of the two cameras?
　　Yes. He chose the cheaper of the two cameras.

▶▶ 文を書いてみよう

☐ 1) 私は2つのクラブのうちより重い方を買った。
　　I bought the heavier of the two clubs.
☐ 2) 私は2つの車のうちより経済的な方を選んだ。
　　I chose the more economical of the two cars.
☐ 3) 私は2つの辞書のうちより小さい方が気に入った。
　　I liked the smaller of the two dictionaries.
☐ 4) 私の好きな選手はその2人のうちより背の小さい方です。
　　My favorite player is the shorter of the two players.

英文法のまとめ64
ルールを確認しよう　2つの間の比較

比較級の中でも「2つのうちどちらが〜」を表すには the 〜 er / more 〜 of the two の形を取ります。気をつけたいことは、通常比較級には the がつきませんが、of the two の形の場合は the が必要なことです。

2つのうちどちらが〜
the 〜er of the two / the more 〜 of the two

・Tom is taller than Bill.（トムはビルより背が高い）
　Tom is the taller of the two.（トムは2人のうちより背が高い）
・This car is more expensive than yours.（この車はあなたの車よりも高い）
　This car is the more expensive of the two.（この車は2台の車のうち高い方です）

STAGE3・Unit65

他のどの車よりも速い
faster than any other cars

表現と語句を覚えよう

☐ 1) 他のどの車よりも速い
   (faster) (than) (any) (other) car
☐ 2) どの女の子よりも背が高い
   (taller) (than) (any) girl
☐ 3) 他のどの山よりも高い
   (higher) (than) (any) (other) mountain
☐ 4) どのチームよりも強い
   (stronger) (than) (any) team
☐ 5) 他のどのプロゴルファーよりも若い
   (younger) (than) (any) (other) professional golfer

▶▶ 間違いがわかるようにしよう

☐ 1) 彼は日本の他のどのサッカー選手よりも若い。
   He is younger than any soccer player in Japan. (any → any other)
☐ 2) この日本車は他のどの日本車よりも速い。
   This Japanese car is faster than any Japanese car.
   　　　　　　　　　　　　　　　　　　　　　(any → any other)
☐ 3) 彼はクラスのどの女の子よりも背が高い。
   He is taller than any other girl in his class. (any other → any)
☐ 4) このJ1のチームはどのJ2のチームよりも強い。
   This J1 team is stronger than any other J2 team. (any other → any)

▶▶ 質問してみよう

☐ 1) 彼は日本の他のどのサッカー選手よりも若いですか。
   Is he younger than any other soccer player in Japan?
   Yes. He is younger than any other soccer player in Japan.

☐ 2) この日本車は他のどの日本車よりも速いですか。
Is this Japanese car faster than any other Japanese car?
Yes. This Japanese car is faster than any other Japanese car.

☐ 3) 彼はクラスのどの女の子よりも背が高いですか。
Is he taller than any girl in his class?
Yes. He is taller than any girl in his class.

☐ 4) このJ1チームはどのJ2チームよりも強いですか。
Is this J1 team stronger than any J2 team?
Yes. This J1 team is stronger than any J2 team.

▶▶▶ 文を書いてみよう

☐ 1) この小説は他のどの小説よりも売れている。
This novel is selling better than any other novel.

☐ 2) ミシシッピー川は日本のどの川よりも長い。
The Mississippi River is longer than any river in Japan.

☐ 3) 私は七夕祭りが日本の他のどの祭りよりも好きだ。
I like the tanababa festival better than any other festival in Japan.

☐ 4) 石川遼は日本のどのプロゴルファーよりも若い。
Ryou Ishikawa is younger than any other professional golfer in Japan.

英文法のまとめ65

ルールを確認しよう　比較級を使って最上級

比較級を使って最上級の意味を表すことができます。「(他の)どの～よりも…」という言い方になりますが、英語では次のように表現します。

「どの～よりも…」：～ er than any …
「他のどの～よりも」：～ er than any other …

any ～にするか、any other ～にするかは文の主語が比べるもののグループの中にいるか、そのグループの外にいるかによります。

The Mississippi River is longer than any other river in the United States.
(ミシシッピー川はアメリカの他のどの川よりも長い)
　＊ミシシッピー川はアメリカの川のグループの中にあります。

The Mississippi River is longer than any river in Japan.
(ミシシッピー川は日本のどの川よりも長い)
　＊ミシシッピー川はアメリカの川で、日本の川のグループの外にあります。

STAGE3・Unit66

独りでいる時が一番幸せ
happiest when I am alone

表現と語句を覚えよう

☑ 1) 独りでいる時が一番幸せ
(happiest) (when) I am alone

☑ 2) この地点が一番深い
(deepest) (at) this point

☑ 3) 試験の前が一番不安
(most) (nervous) (before) the test

☑ 4) 東京に上陸する前が最も勢力が強かった
(strongest) (before) it hit Tokyo

☑ 5) 昼休みの後が最も眠い
(sleepiest) (after) the lunch break

▶▶ 間違いがわかるようにしよう

☑ 1) 私は昼休みの後が一番眠くなる。
I become the sleepiest after the lunch break.
(the sleepiest → sleepiest)

☑ 2) 私は試験の前が一番不安です。
I am the most nervous before the exam. (the most → most)

☑ 3) 私は部屋に独りでいる時が一番幸せです。
I am the happiest when I am alone in my room.
(the happiest → happiest)

☑ 4) この湖はこの地点が一番深い。
The lake is the deepest at this point. (the deepest → deepest)

▶▶ 質問してみよう

☑ 1) あなたは昼休みの後が一番眠くなりますか。
Do you become sleepiest after the lunch break?

Yes. I become sleepiest after the lunch break.

☐ 2) あなたは試験の前が一番不安ですか。
Are you most nervous before the exam?
Yes. I am most nervous before the exam.

☐ 3) あなたは部屋に独りでいる時が一番幸せですか。
Are you happiest when you are alone in your room?
Yes. I am happiest when I am alone in my room.

☐ 4) この湖はこの地点が一番深いですか。
Is this lake deepest at this point?
Yes. This lake is deepest at this point.

▶▶ **文を書いてみよう**

☐ 1) 私は友達と旅行をしている時が一番幸せです。
I am happiest when traveling with my friends.

☐ 2) 私はインタビューの直前が最も不安でした。
I was most nervous just before the interview.

☐ 3) この山はこの地点が一番高い。
This mountain is highest at this point.

☐ 4) この地域は7月が最も暑くなる。
This region becomes hottest in July.

英文法のまとめ66

📄 ルールを確認しよう　theのつかない最上級

　3つ以上のものを比べて「最も〜」という場合、最上級には the 〜 est / the most 〜と the がつくことを学習しましたが、最上級でも同一人物や同一物を描写する時には the を必要としないケースがあります。

　　　　　　　　違う人物や違う物を較べる：最上級にtheがつく
I am the happiest of the three.（私は3人の中で最も幸せだ）
This lake is the deepest of all the lakes around here.
（この湖はこの辺りのすべての湖の中で最も深い）
　　　　　　　　同一人物や同一物を描写する：最上級にtheがつかない
I am happiest when I am alone.（私は独りでいる時が一番幸せだ）
This lake is deepest at this point.（この湖はこの地点が一番深い）

STAGE3. Unit67

これほど重要なものはない

Nothing is as important as this.

表現と語句を覚えよう

CD1 67

☐ 1) これほど重要なものはない。
(Nothing) is (as) important (as) this.
☐ 2) これほど面白いものはない。
(Nothing) is (as) interesting (as) this.
☐ 3) これほど退屈なものはない。
(Nothing) is (as) boring (as) this.
☐ 4) これほどやさしいものはない。
(Nothing) is (as) easy (as) this.
☐ 5) これほどすばらしいものはない。
(Nothing) is (as) wonderful (as) this.

▶▶ 間違いがわかるようにしよう

☐ 1) サッカーをすることほど面白いものはない。
Nothing is as interesting like playing soccer. (like → as)
☐ 2) 言われたことをするほど簡単なことはない。
Nothing is as easy but doing what you are told to do. (but → as)
☐ 3) 約束を守ることほど重要なものはない。
Nothing is as important than keeping promises. (than → as)
☐ 4) 何か役に立つものを発明することほどすばらしいものはない。
Nothing is as wonderful of inventing something useful. (of → as)
☐ 5) 彼の話を聞くことほど退屈なことはない。
Nothing is as boring that hearing his stories. (that → as)

completed!

▶▶ 質問してみよう

☐ 1) サッカーをするほど面白いものはないですか。
　　Is nothing as interesting as playing soccer?
　　No. Nothing is as interesting as playing soccer.

☐ 2) 言われたことをすることほど簡単なことはないですか。
　　Is nothing as easy as doing what you are told to do?
　　No. Nothing is as easy as doing what I am told to do.

☐ 3) 約束を守るほど重要なものはないですか。
　　Is nothing as important as keeping promises?
　　No. Nothing is as important as keeping promises.

☐ 4) 何か役に立つものを発明するほどすばらしいものはないですか。
　　Is nothing as wonderful as inventing something useful?
　　No. Nothing is as wonderful as inventing something useful.

▶▶ 文を書いてみよう

☐ 1) 自分の責任を果たすほど大切なことはない。
　　Nothing is as important as fulfilling one's responsibility.

☐ 2) 音楽を聴くほど楽しいことはない。（楽しい = enjoyable）
　　Nothing is as enjoyable as listening to music.

☐ 3) 他人を批判するほど簡単なことはない。（批判する = criticize）
　　Nothing is as easy as criticizing others.

☐ 4) 成功を経験するほどすばらしいことはない。
　　Nothing is as wonderful as experiencing success.

英文法のまとめ67

📄 ルールを確認しよう　原級を使って最上級

　原級を使って最上級の意味を表すことができます。Nothing is as ～ as …は「…ほど～なものはない→…が一番～」という意味になります。

　　　　　　　　…ほど～なものはない→…が一番～
　　　　　　　　　　Nothing is as ～ as …

Nothing is as important as time.（時間ほど大切なものはない）
Nothing is as difficult as managing time.（時間管理ほど難しいものはない）

STAGE3. Unit 68

これほど大切なものはない

Nothing is more important than this.

表現と語句を覚えよう

1) これほど大切なものはない。
   (Nothing) is (more) precious (than) this.
2) これほど複雑なものはない。
   (Nothing) is (more) complicated (than) this.
3) これほど難しいものはない。
   (Nothing) is (more) difficult (than) this.
4) これほど楽しいものはない。
   (Nothing) is (more) pleasant (than) this.
5) これほど便利なものはない。
   (Nothing) is (more) convenient (than) this.

▶▶ 間違いがわかるようにしよう

1) 旅行ほど楽しいものはない。
   Nothing is more pleasant of travel. (of → than)
2) 時間ほど大切なものはない。
   Nothing is more precious as time. (as → than)
3) 人間関係ほど複雑なものはない。
   Nothing is more complicated like human relations. (like → than)
4) インターネットほど便利なものはない。
   Nothing is such convenient than the Internet. (such → more)
5) 管理ほど難しいものはない。
   Nothing is so difficult than management.
   　　　　　　　　　　　　(so difficult → more difficult)

▶▶ 質問してみよう

☐ 1) 旅行ほど楽しいものはないですか。
   Is nothing more pleasant than travel?
   No. Nothing is more pleasant than travel.

☐ 2) 時間ほど大切なものはないですか。
   Is nothing more precious than time?
   No. Nothing is more precious than time.

☐ 3) 人間関係ほど複雑なものはないですか。
   Is nothing more complicated than human relations?
   No. Nothing is more complicated than human relations.

☐ 4) インターネットほど便利なものはないですか。
   Is nothing more convenient than the Internet?
   No. Nothing is more convenient than the Internet.

▶▶ 文を書いてみよう

☐ 1) 成功ほど満足を与えるものはない。
   Nothing is more satisfying than success.

☐ 2) 平和ほど貴重なものはない。
   Nothing is more precious than peace.

☐ 3) 彼ほど頼りになる人はいない。
   Nobody is more dependable than he.

☐ 4) 職業の安定ほど望ましいものはない。
   Nothing is more desirable than job security.

英文法のまとめ 68

ルールを確認しよう　比較級で最上級を表す

比較級を使っても最上級の意味を表すことができます。Nothing is more ～ than … で「…より～なものはない→…が一番～」という意味を表します。

…より～なものはない → …が一番～
Nothing is more ～ than …

Nothing is more important than time.（時間ほど大切なものはない）
Nothing is more difficult than managing time.（時間管理ほど難しいものはない）

STAGE3. Unit69

大阪のそれより大きい
larger than that of Osaka

表現と語句を覚えよう

☐ 1) 大阪のそれより大きい
　　larger than (that) (of) Osaka

☐ 2) 私たちの大学のそれらよりもずっと良い
　　much better than (those) (of) our university

☐ 3) ニューヨークのそれよりも温暖
　　milder than (that) (of) New York

☐ 4) 若者のそれらよりもより保守的
　　more conservative than (those) (of) young people

▶▶ 間違いがわかるようにしよう

☐ 1) フロリダの気候はニューヨークのそれ（気候）よりも温暖だ。
　　The climate of Florida is milder than New York.
　　　　　　　　　　　　　　(New York → that of New York)

☐ 2) 高齢者の考えは若者のそれら（考え）よりも保守的です。
　　The ideas of old people are more conservative than young people.
　　　　　　　　　　(young people → those of young people)

☐ 3) 東京の人口は大阪のそれ（人口）よりも多い。
　　The population of Tokyo is larger than Osaka.
　　　　　　　　　　　　　　(Osaka → that of Osaka)

☐ 4) あなた方の大学の設備は私たちの大学のそれら（設備）よりもずっと良い。
　　The facilities of your university are much better than our university.
　　　　　　　　　　(our university → those of our university)

▶▶ 質問してみよう

☐ 1) フロリダの気候はニューヨークの気候よりも温暖ですか。
　　Is the climate of Florida milder than that of New York?

Yes. The climate of Florida is milder than that of New York.

2) 高齢者の考えは若者の考えよりも保守的ですか。
Are the ideas of old people more conservative than those of young people?
Yes. The ideas of old people are more conservative than those of young people.

3) 東京の人口は大阪の人口よりも多いですか。
Is the population of Tokyo larger than that of Osaka?
Yes. The population of Tokyo is larger than that of Osaka.

4) 私たちの大学の設備はあなた方の大学の設備よりもずっと良いですか。
Are the facilities of our university much better than those of your university?
Yes. The facilities of your university are much better than those of our university.

▶▶ 文を書いてみよう

1) 鹿児島の気候は札幌の気候よりも温暖です。
The climate of Kagoshima is milder than that of Sapporo.

2) 日本の失業率は合衆国の失業率よりも低い。
The unemployment rate of Japan is lower than that of the United States.

3) 私のクラスのレベルはあなたのクラスのレベルよりはるかに高い。
The level of my class is much higher than that of your class.

英文法のまとめ69

ルールを確認しよう　代用の that, those

比較するには、比べるもののカテゴリーを同じにします。カテゴリーを同じにするには名詞を繰り返さなければなりません。ただ英語では同じ単語の繰り返しを避ける傾向があるので、the + 単数名詞は that を使い、the + 複数名詞は those を使って書き換えます。

the + 単数名詞：that
The + 複数名詞：those

The population of Tokyo is larger than that of Osaka.
（東京の人口は大阪の人口より多い）[that = the population]
The facilities of your school are better than those of my school.
（あなたの学校の施設は私の学校の施設より良い）[those = the facility]

STAGE3. Unit 70

この２倍の大きさ
twice as large as this

表現と語句を覚えよう

☐ 1) この２倍の大きさ
　　(twice)(as)(large)(as) this
☐ 2) この半分の長さ
　　(half)(as)(long)(as) this
☐ 3) この３倍の量
　　(three)(times)(as)(much)(as) this
☐ 4) この２倍の高さ
　　(twice)(as)(high)(as) this
☐ 5) この３倍の重さ
　　(three)(times)(as)(heavy)(as) this

▶▶ 間違いがわかるようにしよう

☐ 1) そのトラックはこのスポーツカーの３倍の重さです。
　　The truck is three as heavy as this sports car.
　　　　　　　(three as heavy → three times as heavy)
☐ 2) 彼の情報量は私の情報量の３倍です。
　　The information he has is three times as many as mine.
　　　　　　　(as many as → as much as)
☐ 3) 彼の演説は私の演説の半分の長さでした。
　　His lecture was half so long as mine. (so long → as long)
☐ 4) その新しいビルは古いビルの２倍の高さです。
　　The new building is twice more high as the old one.
　　　　　　　(twice more high → twice as high)

▶▶ 質問してみよう

☐ 1) そのトラックはこのスポーツカーの３倍の重さですか。

Is the truck three times as heavy as this sports car?

Yes. The truck is three times as heavy as this sports car.

☐ 2) 彼の情報量はあなたの情報量の3倍ですか。

Is the information he has three times as much as yours?

Yes. The information he has is three times as much as mine.

☐ 3) 彼の演説はあなたの演説の半分の長さでしたか。

Was his speech half as long as yours?

Yes. His speech was half as long as mine.

☐ 4) その新しいビルは古いビルの2倍の高さですか。

Is the new building twice as high as the old one?

Yes. The new building is twice as high as the old one.

▶▶ 文を書いてみよう

☐ 1) 私の友達は体重が私の2倍あります。

My friend is twice as heavy as I am.

☐ 2) この橋の長さはあの橋の長さの2倍あります。

This bridge is twice as long as that bridge.

☐ 3) 私の町の人口はあなたの町の人口の半分です。

The population of our town is half as large as that of your town.

☐ 4) 私の父の収入は私の収入の3倍あります。

My father's income is three times as large as mine.

英文法のまとめ70

📄 ルールを確認しよう　倍数表現

倍数を表す言い方は as ～ as の使い方に似ています。まずどの位の倍数かを示します。half（半分）、twice（2倍）、three times（3倍）、3倍以上は同じように times を使います。four times（4倍）。その後に as 形容詞 as を置きます。

～の半分の長さ：half as long as ～
～の2倍の大きさ：twice as large as ～
～の3倍の重さ：three times as heavy as ～

This bridge is half as long as that bridge.
（この橋はあの橋の半分の長さです）
This house is twice as large as that house
（この家はあの家の2倍の大きさです）

STAGE3 Unit71

私は紅茶よりコーヒーを好む
I prefer coffee to tea.

表現と語句を覚えよう

CD1 71

☐ 1) 私は紅茶よりもコーヒーを好む。
　　I prefer (coffee) to (tea).

☐ 2) 私はフランス語よりもドイツ語を好む。
　　I prefer (German) to (French).

☐ 3) 私は野球よりもサッカーを好む。
　　I prefer (soccer) to (baseball).

☐ 4) 私は中華料理よりもイタリア料理を好む。
　　I prefer (Italian) (dishes) to (Chinese) (dishes).

☐ 5) 私はギターを弾くより歌を歌うほうを好む。
　　I prefer (singing) (a) (song) to (playing) (the) (guitar).

▶▶ 間違いがわかるようにしよう

☐ 1) 私はギターを弾くより歌を歌うほうが好きだ。
　　I prefer to sing a song to playing the guitar. (to sing → singing)

☐ 2) 私の兄の子供達は野球よりもサッカーのほうが好きだ。
　　My brother's children prefer soccer better than baseball.
　　　　　　　　　　　　　　　　　　　　(better than → to)

☐ 3) 私の友達のほとんどは紅茶よりもコーヒーを好む。
　　Most of my friends prefer coffee more than tea. (more than → to)

☐ 4) 私のガールフレンドは中華料理よりもイタリア料理を好む。
　　My girl friend likes Italian dishes to Chinese dishes. (likes → prefers)

☐ 5) 私はフランス語よりもドイツ語を好む。
　　I prefer German rather than French. (rather than → to)

▶▶ 質問してみよう

CD2 36

☐ 1) あなたはギターを弾くより歌を歌うほうが好きですか。

Do you prefer singing a song to playing the guitar?
　　　Yes. I prefer singing a song to playing the guitar.
☐ 2) あなたの兄の子供たちは野球よりもサッカーのほうが好きですか。
　　　Do your brother's children prefer soccer to baseball?
　　　Yes. They prefer soccer to baseball.
☐ 3) あなたの友達のほとんどは紅茶よりもコーヒーを好みますか。
　　　Do most of your friends prefer coffee to tea?
　　　Yes. Most of my friends prefer coffee to tea.
☐ 4) あなたのガールフレンドは中華料理よりもイタリア料理を好みますか。
　　　Does your girlfriend prefer Italian dishes to Chinese dishes?
　　　Yes. She prefers Italian dishes to Chinese dishes.

▶▶ 文を書いてみよう

☐ 1) 私は洋食よりも和食のほうを好む。
　　　I prefer Japanese dishes to Western dishes.
☐ 2) 私は旅館に泊まるよりもホテルに泊まるほうを好む。（泊まる = stay at）
　　　I prefer staying at a hotel to staying at an inn.
☐ 3) 私は映画へ行くよりもDVDを見たほうがよい。
　　　I prefer watching DVDs to going to the movies.
☐ 4) 私はイギリス文学よりもロシア文学のほうが好きだ。
　　　I prefer Russian literature to English literature.

英文法のまとめ71

ルールを確認しよう　好みの表現 prefer A to B

「BよりもAを好む」の一般的な言い方は「prefer A to B」になります。AとBに置かれるのは名詞になるので、もし動詞を使いたい場合は動名詞にします。

BよりもAを好む：prefer A to B

I prefer coffee to tea.
（私は紅茶よりもコーヒーを好む）
I prefer playing tennis to playing golf.
（私はゴルフをするよりもテニスをするほうが好きだ）

STAGE3.Unit72

私はここにいるよりそこに行きたい

I would rather go there than stay here.

表現と語句を覚えよう

CD1 72

☐ 1) 私はここにいるよりそこに行きたい。
　　I would rather (go) (there) than (stay) (here).
☐ 2) 私はテニスをするよりゴルフをしたい。
　　I would rather (play) (golf) than (play) (tennis).
☐ 3) 私は野球を見るより映画を見たい。
　　I would rather (watch) (the) (movie) than (watch) (the)
　　(baseball) (game).
☐ 4) 私は風呂に入るよりシャワーを浴びたい。
　　I would rather (take) (a) (shower) than (take) (a) (bath).
☐ 5) 私は外で遊ぶよりテレビを見たい。
　　I would rather (watch) (TV) than (play) (outside).

▶▶ 間違いがわかるようにしよう

☐ 1) 今日はテニスをするよりゴルフをしたい。
　　　I would rather playing golf than play tennis today.
　　　　　　　　　　　　　　　　　　(playing golf → play golf)
☐ 2) ここに一人でいるよりあなたと一緒にそこに行きたい。
　　　I would rather go there with you than staying here alone.
　　　　　　　　　　　　　　　　　　　　　(staying → stay)
☐ 3) 彼女は野球を見るより映画を見たい。
　　　She would rather watch the movie than to watch the baseball game.
　　　　　　　　　　　　　　　　　　　　(to watch → watch)
☐ 4) 暑い日は風呂に入るよりもむしろシャワーを浴びたい。
　　　I would rather take a shower to take a bath on a hot day. (to → than)

▶▶ 質問してみよう

☐ 1) 今日はテニスをするよりゴルフをしたいですか。
   Would you rather play golf than play tennis today?
   Yes. I would rather play golf than play tennis today.

☐ 2) あなたはここに独りでいるより私と一緒にそこに行きたいですか。
   Would you rather go there than stay here alone?
   Yes. I would rather go there than stay here alone.

☐ 3) 彼女は野球を見るより映画を見たいのですか。
   Would she rather watch the movie than watch the baseball game?
   Yes. She would rather go watch the movie than watch the baseball game.

☐ 4) 暑い日はお風呂に入るよりもシャワーを浴びたいですか。
   Would you rather take a shower than take a bath on a hot day?
   Yes. I would rather take a shower than take a bath on a hot day.

▶▶ 文を書いてみよう

☐ 1) 私は夕食を食べるよりも寝たい。
   I would rather go to bed than eat supper.

☐ 2) 私はテレビを見るよりも音楽を聴きたい。
   I would rather listen to music than watch TV.

☐ 3) 私は外食するよりも家で食べたい。
   I would rather eat at home than eat out.

英文法のまとめ 72

ルールを確認しよう　好みの表現 would rather A than B

「BするよりもむしろAしたい」を表すには「would rather A than B」の形を使います。prefer A to B と似た形になりますが、注意しなければならないことがあります。prefer の場合は A と B に動名詞を使いましたが、would rather の場合は A と B に動詞の原形が来ます。

BよりもAを好む： prefer A to B
BするよりもむしろAしたい： would rather A than B

I prefer playing tennis to playing golf. [ABは動名詞]
（私はゴルフをするよりもテニスをするほうが好きだ）
I would rather play tennis than play golf. [ABは動詞の原形]
（私はゴルフよりもむしろテニスがしたい）

STAGE3 Unit73

彼を扱うのは簡単です
It is easy to handle him.

表現と語句を覚えよう

☐ 1) 彼を扱うのは簡単である。
(It) is easy (to) (handle) (him).

☐ 2) 正直であることは大切である。
(It) is important (to) (be) (honest).

☐ 3) 彼女を説得することは難しい。
(It) is difficult (to) (persuade) (her).

☐ 4) それをとめることは不可能である。
(It) is impossible (to) (stop) (it).

☐ 5) 君の夢をあきらめるのは間違っている。
(It) is wrong (to) (give) (up) (your) (dream).

▶▶ **間違いがわかるようにしよう**

☐ 1) 留学するという君の夢をあきらめるのは間違っている。
There is wrong to give up your dream to study abroad.
(There → It)

☐ 2) 地球温暖化をとめることは難しい。
I think that is difficult to stop global warming. (that → it)

☐ 3) 彼女を説得することは難しいと誰もが知っている。
Everybody knows that is difficult to persuade her. (that → it)

☐ 4) 彼を扱うのは簡単だとは思いません。
I don't think it is easy handling him. (handling → to handle)

☐ 5) 正直であることは大切だと思います。
I think this is important to be honest. (this → it)

▶▶ **質問してみよう**

☐ 1) 留学するという私の夢をあきらめるのは間違っていますか。

Is it wrong to give up my dream to study abroad?

Yes. It is wrong to give up your dream to study abroad.

☑ 2) 地球温暖化をとめることは難しいと思いますか。

Do you think it is difficult to stop global warming?

Yes. I think it is difficult to stop global warming.

☑ 3) 彼女を説得するのは難しいと皆が知っていますか。

Does everybody know it is difficult to persuade her?

Yes. Everybody knows it is difficult to persuade her.

☑ 4) 彼を扱うのは簡単だと思いますか。

Do you think it is easy to handle him?

No. I don't think it is easy to handle him.

▶▶ 文を書いてみよう

☑ 1) 健康を維持することはとても大切です。（健康を維持する = stay healthy）

It is very important to stay healthy.

☑ 2) 他人を批判することは簡単だ。

It is easy to criticize others.

☑ 3) 常に完全であることは不可能だ。

It is impossible to be perfect all the time.

☑ 4) 彼女にそれを知らせることは必要だ。

It is necessary to let her know about it.

英文法のまとめ 73

📄 ルールを確認しよう　形式主語のIt

「〜すること」を表すには「to 〜」の形を使うことはすでに学べましたが、「to 〜」を主語にすると頭が重くなりすぎ、スタイル上好ましくないので、仮の主語（形式主語）の It を使って表すことがあります。次のようになります。

To speak English	is fun.	
It	is fun	to speak English.

（英語を話すことは楽しい）

To master English	is difficult.	
It	is difficult	to master English.

（英語を身につけることは難しい）

STAGE3. Unit 74

リーダーが必要だということは事実である

It is a fact that we need a leader.

表現と語句を覚えよう

☐ 1) 私たちにリーダーが必要だということは事実です。
(It) is a fact (that) we need a leader.
☐ 2) 彼がその申し出に興味を持っていることは明らかです。
(It) is obvious (that) he is interested in the offer.
☐ 3) 誰も彼に投票しなかったということは面白い。
(It) is interesting (that) nobody voted for him.
☐ 4) 彼らが社長のフルネームを知らないということは間違っている。
(It) is wrong (that) they don't know their boss's full name.
☐ 5) 彼女が監督に昇進したことは本当です。
(It) is true (that) she was promoted to manager.

▶▶ **間違いがわかるようにしよう**

☐ 1) 彼がその申し出に興味を持っていることは明らかです。
That is obvious that he is interested in the offer. (That → It)
☐ 2) 私たちにリーダーが必要だということは事実です。
It is a fact which we need a leader. (which → that)
☐ 3) 彼女が監督に昇進したことは本当です。
This is true that she was promoted to manager. (This → It)
☐ 4) 誰も彼に投票しなかったということは面白い。
This is interesting that nobody voted for him. (This → It)
☐ 5) 彼らが社長のフルネームを知らないということは間違っている。
It is wrong which they don't know their boss's full name.
(which → that)

▶▶ **質問してみよう**

☐ 1) 彼がその申し出に興味を持っているということは明らかですか。

Is it obvious that he is interested in the offer?
Yes. It is obvious that he is interested in the offer.

2) 私たちには強いリーダーが必要だということは事実ですか。
Is it a fact that we need a strong leader?
Yes. It is a fact that we need a strong leader.

3) 彼女が監督に昇進したことは本当ですか。
Is it true that she was promoted to manager?
Yes. It is true that she was promoted to manager.

4) 誰も彼に投票しなかったということは面白いですか。
Is it interesting that nobody voted for him?
Yes. It is interesting that nobody voted for him.

▶▶ 文を書いてみよう

1) 私たちは私たちの公園をきれいにすべきだということは明らかです。
It is obvious that we should keep our parks clean.

2) 誰もその申し出に興味を示さなかったのは面白い。
It is interesting that nobody showed interest in it.

3) わがチームには優れたコーチが必要だということは事実です。
It is a fact that our team needs a good coach.

4) 彼がその事故に巻き込まれたというのは本当です。(巻き込まれる = be involved)
It is true that he was involved in the accident.

英文法のまとめ 74

ルールを確認しよう　形式主語の It

「〜であること」を表すには「that SV」の形を使うことはすでに学びましたが、「that SV」を主語にすると頭が重くなり、スタイル上好ましくありません。それを解消するために、**仮の主語（形式主語）の It** を使うことがあります。

That he did it on purpose	is true.	
It	is true	that he did it on purpose.

（彼がそれを故意にしたということは本当です）

That we solved our problem	is a fact.	
It	is a fact	that we solved our problem.

（私たちが私たちの問題を解決したということは事実です）

STAGE3．Unit75

私は彼を理解することが難しいとわかった

I found it difficult to understand him.

表現と語句を覚えよう

CD1 75

☐ 1) 私は彼を理解することが難しいとわかった。
　　I found (it) difficult (to) (understand) (him).

☐ 2) 私は税を引き上げることはナンセンスだと思う。
　　I find (it) nonsense (to) (raise) (taxes).

☐ 3) 私は国を訪ねることは楽しいとわかった。
　　I found (it) exciting (to) (visit) (countries).

☐ 4) 彼らはお互いを理解させることを難しくする。
　　They make (it) difficult (to) (understand) (each) (other).

☐ 5) 彼らはベストルートを探すのを簡単にする。
　　They make (it) easy (to) (find) (the) (best) (route).

▶▶ 間違いがわかるようにしよう

☐ 1) 文化の違う国を訪ねるのは楽しいとわかった。
　　I found it exciting visit countries of different cultures.
　　　　　　　　　　　　　　　　　　　　　　　(visit → to visit)

☐ 2) 私はこの時期に消費税を引き上げるのはナンセンスだと思う。
　　I find this nonsense to raise the consumption tax at this time.
　　　　　　　　　　　　　　　　　　　　　　　(this → it)

☐ 3) カーナビがベストルートを探すのを簡単にしている。
　　The car navigation software makes that easy to find the best route.
　　　　　　　　　　　　　　　　　　　　　　　(that → it)

☐ 4) 私は彼を理解することが難しいとわかった。
　　I found that difficult to understand him. (that → it)

☐ 5) 文化の違いがお互いを理解させることを難しくしている。
　　Cultural differences make it difficult understanding each other.
　　　　　　　　　　　　　　　(understanding → to understand)

▶▶ 質問してみよう

☐ 1) あなたは文化の違う国を訪ねるのは楽しいとわかりましたか。
Did you find it exciting to visit countries of different cultures?
Yes. I found it exciting to visit the countries of different cultures.

☐ 2) あなたはこの時期に消費税を引き上げるのはナンセンスだと思いますか。
Do you find it nonsense to raise the consumption tax at this point?
Yes. I find it nonsense to raise the consumption tax at this point.

☐ 3) カーナビがベストルートを探すのを簡単にしていますか。
Does the car navigation software make it easy to find the best route?
Yes. The car navigation software makes it easy to find the best route.

☐ 4) あなたは彼を理解することが難しいとわかりましたか。
Did you find it difficult to understand him?
Yes. I found it difficult to understand him.

▶▶ 文を書いてみよう

☐ 1) 彼らと交渉するのは難しいとわかった。
I found it difficult to negotiate with them.

☐ 2) 彼の頑固さが彼らとの交渉を難しくしている。
His stubbornness makes it difficult to negotiate with them.

☐ 3) あなたは努力なしに親友を持つのは難しいと思うでしょう。
You will find it hard to make true friends without efforts.

☐ 4) あなたのきついスケジュールでは今日の会議の参加は不可能ですね。
Your tight schedule makes it impossible to attend the today's meeting.

英文法のまとめ75

ルールを確認しよう　形式目的語のit

不定詞が主語や目的語になることは学びましたが、不定詞を第5文型の目的語の位置に置くことはできません。これを解消するために形式目的語のitを使います。次の例で確認してください。

主語 + 動詞	目的語	補語	目的語
I found	to understand him	difficult.	
I found	it	difficult	to understand him.

(私はお互いを理解することは難しいとわかった)

STAGE3・Unit76

その情報が公開されることが重要です

It is important that the information be disclosed.

表現と語句を覚えよう

☐ 1) その情報が公開されることが重要です。
(It) (is) (important) (that) the information be disclosed.

☐ 2) 彼女が彼の代わりをすることが必要です。
(It) (is) (necessary) (that) she take his place.

☐ 3) 議会がその法案を通過させることが緊急です。
(It) (is) (urgent) (that) the Diet pass the bill.

☐ 4) 社長が会社の過失を認めることが必須です。
(It) (is) (essential) (that) the president admit the company's fault.

☐ 5) 彼がそれを警察に報告することが肝要です。
(It) (is) (imperative) (that) he report it to the police.

▶▶ 間違いがわかるようにしよう

☐ 1) 議会がその法案を通過させることが緊急です。
It is urgent that the Diet passes the bill. (passes → pass)

☐ 2) 社長が会社の過失を認めること必須です。
It is essential that the president must admit the company's fault.
(must admit → admit)

☐ 3) その情報が公開されることが重要です。
It is important that the information would be disclosed.
(would be → be)

☐ 4) 彼がそれを警察に報告することが肝要です。
It is imperative that he reported it to the police. (reported → report)

☐ 5) 彼女が彼の代わりをすることが必要です。
It is necessary that she will take his place. (will take → take)

▶▶▶ 質問してみよう

☐ 1) 議会がその法案を通過させることが緊急ですか。
   Is it urgent that the Diet pass the bill?
   Yes. It is urgent that the Diet pass the bill.
☐ 2) 社長が会社の過失を認めることが必須ですか。
   Is it essential that the president admit the company's fault?
   Yes. It is essential that the president admit the company's fault.
☐ 3) その情報が公開されることが重要ですか。
   Is it important that the information be disclosed?
   Yes. It is important that the information be disclosed.
☐ 4) 彼がそれを警察に報告することが肝要ですか。
   Is it imperative that he report it to the police?
   Yes. It is imperative that he report it to the police.

▶▶▶ 文を書いてみよう

☐ 1) 彼女が私たちのために働くことが必要です。
   It is necessary that she work for us.
☐ 2) 彼がそれをすぐに実行することが重要です。
   It is important that he carry it out immediately.
☐ 3) 彼が自分の役割を確実に果たすことが必須です。
   It is essential that he play his role without fail.
☐ 4) 彼女が私たちを心から信頼することが肝要です。
   It is imperative that she trust us sincerely.

英文法のまとめ76

ルールを確認しよう　形式主語のIt　It is … that SV

It is ~ that SV の構文で It is の後に置かれる形容詞が必要・重要の意味を表す時には、that 節内の動詞が原形をとります。その他の意味の形容詞では、このことは起こりません。

通常の形容詞
It is clear that she plays a leading role.
(彼女が指導的な役割をしていることは明らかです)

必要・重要の形容詞
It is imperative that she play a leading role.
(彼女が指導的な役割を演じることが肝要です)

STAGE3. Unit 77

疲れているときは、早く寝ます

When I am tired, I go to bed early.

表現と語句を覚えよう

☐ 1) 疲れているときは、早く寝ます。
   (When) (I) (am) tired, I go to bed early.
☐ 2) 病気だったので、会議に出られなかった。
   (Because) (I) (was) sick, I couldn't attend the meeting.
☐ 3) 忙しかったけれど、締め切りに間に合わせた。
   (Though) (I) (was) busy, I made the deadline.
☐ 4) もし明日雨が降れば、試合は中止になります。
   (If) (it) (rains) tomorrow, the game will be canceled.
☐ 5) イタリア滞在中に、いろいろな場所を訪れたい。
   (While) (I) (stay) in Italy, I want to visit many places.

▶▶ **間違いがわかるようにしよう**

☐ 1) 忙しかったけれど、締め切りに間に合わせた。
   Though was busy, I made the deadline. (was busy → I was busy)
☐ 2) 疲れているときは、早く寝ます。
   When I tired, I go to bed early. (I tired → I am tired)
☐ 3) イタリア滞在中に、いろいろな場所を訪れたい。
   While I will stay in Italy, I want to visit many places. (will stay → stay)
☐ 4) もし明日雨が降れば、試合は中止になります。
   If rains tomorrow, the game will be canceled. (rains → it rains)
☐ 5) 病気だったので、会議に出られなかった。
   Because sickness, I couldn't attend the meeting. (sickness → I was sick)

▶▶ **質問してみよう**

☐ 1) 忙しかったけれど、締め切りに間に合わせたのですか。
   Did you make the deadline though you were busy?

Yes. Though I was busy, I made the deadline.

☐ 2) あなたは疲れているときは早く寝ますか。
Do you go to bed early when you are tired?
Yes. When I am tired, I go to bed early.

☐ 3) イタリア滞在中にいろいろな場所を訪れたいですか。
Do you want to visit many places while you stay in Italy?
Yes. While I stay in Italy, I want to visit many places.

☐ 4) もし明日雨が降れば、試合は中止になりますか。
Will the game be canceled if it rains tomorrow?
Yes. If it rains tomorrow, the game will be canceled.

▶▶ 文を書いてみよう

☐ 1) おなかがすいていると、仕事に集中できなくなります。
When I am hungry, I cannot concentrate on my job.

☐ 2) 忙しいので、今日はお会いすることはできません。
Because I am busy, I cannot see you today.

☐ 3) もしOKであれば、それをすぐにします。
If it is all right, I will do it immediately

☐ 4) 日本に滞在中に訪ねたい場所がたくさんあります。
I have many places to visit while I stay in Japan.

英文法のまとめ 77

📖 ルールを確認しよう　接続詞の副詞節を使った文

文が拡大していく過程で重要な役割を果たすのが副詞です。副詞の働きをするものはいくつかありますが、ここでは副詞節による文の拡大を確認しましょう。when, because, though, ifなどの接続詞を使って副詞節を作ります。

接続詞の副詞節	文
When I am busy, 忙しい時は、	I cannot take a break. 休憩を取れません。
Because I am busy, 忙しいので、	I cannot take a break. 休憩を取れません。
Though I was busy, 忙しかったけれど、	I took a five-minute break. 5分間の休憩を取りました。
If I am not busy, もし忙しくなければ、	I will take a long break. 長い休憩を取ります。

STAGE3. Unit 78

天気が良ければ、

The weather being fine, we will have a barbecue party tomorrow.

天気が良ければ、明日バーベキューパーティーをします

表現と語句を覚えよう

☐ *1)* 天気が良ければ、明日バーベキューパーティーをします。
  (*The*) (*weather*) (*being*) fine, we will have a barbecue party tomorrow.

☐ *2)* 疲れていたので、何も食べる気がしなかった。
  (*Being*) (*tired*), I didn't feel like eating anything.

☐ *3)* 忙しかったけれど、あなたとの仕事は楽しかったです。
  (*Being*) (*busy*), I enjoyed working with you.

☐ *4)* アメリカ滞在中に、いろいろなテーマパークに行ってみたい。
  (*While*) (*staying*) (*in*) (*America*), I want to go to various theme parks.

▶▶ 間違いがわかるようにしよう

☐ 1) 忙しかったけれど、あなたとの仕事は楽しかったです。
   Despite busy, I enjoyed working with you.
   　　　　　　　　　　　　　　(Despite busy → Being busy)

☐ 2) 疲れていたので、何も食べる気がしなかった。
   Be tired, I didn't feel like eating anything. (Be tired → Being tired)

☐ 3) アメリカ滞在中に、いろいろなテーマパークに行ってみたい。
   While stay in America, I want to go to various theme parks.
   　　　　　　　　　　　　　　(While stay → While staying)

☐ 4) 天気が良ければ、明日バーベキューパーティーをします。
   The weather be fine, we will have a barbecue party tomorrow.
   　　　　　　　　　　　　　　(be fine → being fine)

▶▶ 質問してみよう

☐ 1) 忙しかったけれど、私との仕事は楽しかったですか。
   Being busy, did you enjoy working with me?
   Yes. Being busy, I enjoyed working with you.

☐ 2) 疲れていたので、何も食べる気がしなかったのですか。
   Being tired, didn't you feel like eating anything?
   No. Being tired, I didn't feel like eating anything.

☐ 3) アメリカ滞在中に、いろいろなテーマパークに行ってみたいですか。
   Do you want to go to various theme parks while staying in America?
   Yes. While staying in America, I want to go to various theme parks.

☐ 4) 天気がよければ、明日バーベキューパーティーをしますか。
   The weather being fine, will you have a barbecue party tomorrow?
   Yes. The weather being fine, we will have a barbecue party tomorrow.

▶▶ 文を書いてみよう

☐ 1) 何もすることがなかったので、1日中家にいました。
   Having nothing to do, I stayed home all day.

☐ 2) 交通が渋滞していてそこに2時間遅れて到着した。
   The traffic being congested, we arrived there two hours late.

英文法のまとめ 78

ルールを確認しよう　分詞構文のある文

副詞による文の拡大のうち、分詞構文を確認しましょう。分詞構文は副詞節から作ります。

分詞構文の作り方: When I am busy, I cannot take a break.
（忙しい時は、休憩を取れません）

1) 接続詞をとる：I am busy, I cannot take a break.
2) 主文と同じ主語は取る：am busy, I cannot take a break.
3) am を現在分詞に変える：Being busy, I cannot take a break.

主語が文の主語と同じでない時は、主語を残しておかなければなりません。

The weather being fine, we had a barbecue outside.
（天気が良かったので、外でバーベキューをしました）

意味を明確にするために接続詞を残しておくことがあります。

While traveling in Italy, I want to visit many places.
（イタリア旅行中に多くの場所を訪れたい）

STAGE3. Unit 79

成功するためには、

To be successful, you must work hard.
成功するためには、一生懸命働かなければならない

表現と語句を覚えよう

☐ 1) 成功するためには、一生懸命働かなければならない。
(To) (be) (successful), you must work very hard.

☐ 2) 試合を楽しむためには、ルールを知らなければならない。
(To) (enjoy) (a) (game), you must know the rules.

☐ 3) 英語を習得するには、絶え間ない練習が必要です。
(To) (master) (English), you need constant practice.

☐ 4) 旅行を楽しむためには、しっかりとした計画が必要です。
(To) (enjoy) (traveling), you need good planning.

☐ 5) 昇進するには上司の信頼を得る必要があります。
(To) (be) (promoted), you need to have your boss's confidence in you.

▶▶▶ 間違いがわかるようにしよう

☐ 1) 旅行を楽しむためには、しっかりとした計画が必要です。
Enjoying traveling, you need good planning. (Enjoying → To enjoy)

☐ 2) 英語を習得するには、絶え間ない練習が必要です。
Master English, you need constant practice. (Master → To master)

☐ 3) 試合を楽しむためには、ルールを知らなければならない。
To enjoying a game, you must know the rules.
(To enjoying → To enjoy)

☐ 4) 成功するためには、一生懸命働かなければならない。
For be successful, you must work very hard. (For be → To be)

▶▶ 質問してみよう

1) 旅行を楽しむためには、良い計画が必要ですか。
   To enjoy traveling, do we need good planning?
   Yes. To enjoy traveling, you need good planning.

2) 英語を習得するには絶え間ない練習が必要ですか。
   To master English, do I need constant practice?
   Yes. To master English, you need constant practice.

3) 試合を楽しむためにはルールを知らなければなりませんか。
   To enjoy a game, must I know the rules?
   Yes. To enjoy a game, you must know the rules.

4) 成功するためには一生懸命働かなければなりませんか。
   To be successful, must I work very hard?
   Yes. To be successful, you must work very hard.

▶▶ 文を書いてみよう

1) それを時間内に仕上げるにはあなたの助けが必要です。
   To finish it in time, I need your help .

2) 人をよくに知るには、2、3日一緒に旅するだけでよい。
   To know a person well, you have only to travel together for a few days.

3) 空港に時間通りに着くにはタクシーに乗るしかない。
   To reach the airport on time, I have to take a taxi.

4) 私の会社をもっと大きくするにはもっと資金が必要です。
   To make my company larger, I need more capital.

英文法のまとめ79

ルールを確認しよう　不定詞の副詞的用法

副詞の働きをするもののうち、ここでは不定詞による文の拡大を確認しましょう。不定詞が文頭に置かれると、その文の目的を表すことになります。下の例で確認しましょう。

不定詞	文
To lose weight,	I need more exercise.
体重を落とすには、	もっと運動が必要です。

STAGE3. Unit80

君の努力のおかげで、

Thanks to your efforts, we succeeded in getting the contract.

君の努力のおかげで、契約を取ることに成功した

表現と語句を覚えよう

☐ 1) 君の努力のおかげで、契約を取ることに成功した。
(*Thanks*) (*to*) your efforts, we succeeded in getting the contract.

☐ 2) 努力したにもかかわらず、TOEICのスコアを上げることができなかった。
(*In*) (*spite*) (*of*) efforts, I couldn't raise my TOEIC score.

☐ 3) 不健康を理由に退職させられた。
(*Because*) (*of*) my poor health, I was fired.

☐ 4) 事故のために列車は5時間も遅れた。
(*Owing*) (*to*) the accident, the train was delayed five hours.

☐ 5) 雪不足のためにスキー旅行がキャンセルになった。
(*Due*) (*to*) lack of snow, the ski trips were canceled.

▶▶ 間違いがわかるようにしよう

☐ 1) 努力したにもかかわらず、TOEICのスコアを上げることができなかった。
In spite efforts, I couldn't raise my TOEIC score.
(In spite → In spite of)

☐ 2) 雪不足のためにスキー旅行がキャンセルになった。
Due of lack of snow, the ski trips were canceled. (Due of → Due to)

☐ 3) 事故のために列車は5時間も遅れた。
Owing for the accident, the train was delayed five hours.
(Owing for → Owing to)

☐ 4) 君の努力のおかげで、契約を取ることに成功した。
Thanks for your efforts, we succeeded in getting the contract.
(Thanks for → Thanks to)

▶▶ 質問してみよう

☐ 1) 努力したにもかかわらずTOEICのスコアを上げられなかったのですか。
   In spite of your efforts, couldn't you raise your TOEIC score?
   No. In spite of efforts, I couldn't raise my TOEIC score.

☐ 2) 雪不足のためにスキー旅行がキャンセルになったのですか。
   Were the ski trips canceled due to lack of snow?
   Yes. Due to lack of snow, the ski trips were canceled.

☐ 3) 事故のために列車は5時間も遅れたのですか。
   Was the train delayed five hours owing to the accident?
   Yes. Owing to the accident, the train was delayed five hours.

☐ 4) 私の努力のおかげで契約を取ることに成功したのですか。
   Thanks to my efforts, did you succeed in getting the contract?
   Yes. Thanks to your efforts, we succeeded in getting the contract.

▶▶ 文を書いてみよう

☐ 1) 悪天候にもかかわらず、多くの人がその試合を楽しんだ。
   In spite of the bad weather, many people enjoyed the game.

☐ 2) 円高のおかげで、多くの人が海外旅行を楽しんでいる。
   Because of the strength of the yen, many people are enjoying overseas trips.

☐ 3) 不景気のおかげで、工場の1つが閉鎖された。
   Owing to the recession, one of the plants was closed down.

☐ 4) あなたの協力のおかげでその事故を未然に防ぐことが出来た。
   Thanks to your cooperation, we could prevent the accident.

英文法のまとめ 80

📖 ルールを確認しよう　（群）前置詞句の副詞的用法

副詞の働きをするもののうち、ここでは前置詞句による文の拡大を確認しましょう。前置詞句はたくさんありますが、その中でも群前置詞を使ったものがよく使われます。群前置詞には because of（〜のために）、in spite of（〜にもかかわらず）、owing to（〜のために）、due to（〜のために）、thanks to（〜のおかげで）などがあります。下の例で確認しましょう。

前置詞句	文
Because of the rain,	the game was canceled.
雨のために	試合は中止された。

STAGE3. Unit 81

幸いにも台風は進路を変えた

Fortunately, the typhoon changed the course.

表現と語句を覚えよう

1) 幸いにも台風は進路を変えた。
   (*Fortunately*), the typhoon changed its course.
2) 幸運にも彼はその事故に巻き込まれなかった。
   (*Luckily*), he was not involved in the accident.
3) 当然のことながらカナダのホストファミリーを恋しく思った。
   (*Naturally*), I missed my host family in Canada.
4) 確かにこの不景気はみんなを苦しめている。
   (*Surely*), the current recession is hurting everyone.
5) 正直に言うが私は私のボスを信用していない。
   (*Honestly*), I don't trust my boss.

▶▶ 間違いがわかるようにしよう

1) 確かにこの不景気はみんなを苦しめている。
   Sure, the current recession is hurting everyone. (Sure → Surely)
2) 当然のことながらカナダのホストファミリーを恋しく思った。
   Natural, I missed my host family in Canada. (Natural → Naturally)
3) 幸いにも台風は進路を変えた。
   Fortunate, the typhoon changed its course.
   (Fortunate → Fortunately)
4) 幸運にも彼はその事故に巻き込まれなかった。
   Lucky, he was not involved in the accident. (Lucky → Luckily)
5) 正直に言うが私は私のボスを信用していない。
   Honest, I don't trust my boss. (Honest → Honestly)

▶▶ 書き換えてみよう

1) 確かにこの不景気はみんなを苦しめている。

(To be sure,) the current recession is hurting everyone. → (Surely), the current recession is hurting everyone.

☐ 2) 当然のことながら、私はカナダのホストファミリーをとても恋しく思った。
(It was only natural that) I missed my host family in Canada. → (Naturally), I missed my host family in Canada.

☐ 3) 幸いにも台風は進路を変えた。
(It was fortunate that) the typhoon changed its course. → (Fortunately), the typhoon changed its course.

☐ 4) 幸運にも彼はその事故に巻き込まれなかった。
(It was lucky that) he was not involved in the accident. → (Luckily), he was not involved in the accident.

▶▶ 文を書いてみよう

☐ 1) 幸いにも車の事故は軽いけがで済んだ。
Luckily, I was only slightly injured in the car accident.

☐ 2) 当然のことながら毎日の運動のおかげで体調はとてもよい。
Naturally, I am in good shape because of daily exercise.

☐ 3) 確かに寝不足は仕事に影響を与える。
Surely, a lack of sleep affects job performance.

☐ 4) 正直に言って、今回の展示会はかなり期待はずれでした。
Honestly, this exhibition was rather disappointing.

英文法のまとめ 81

📖 ルールを確認しよう　文副詞

副詞の働きをするもののうち、ここでは文全体を修飾する文副詞の働きを確認しましょう。
文副詞は文全体にかかっていくために、次のような it is ~ that … と同じような働きをします。

文副詞	文
Luckily,	I won the lottery.
It was lucky that	I won the lottery.
幸運にも	私は宝くじに当たった。

また、文全体にかかる独立分詞構文や独立不定詞と同じ働きをしています。

Generally (Generally speaking), Japanese cars are durable.
(一般的に言って、日本車は耐久性がある)

Surely (To be sure), Japanese cars are durable.
(確かに日本車は耐久性がある)

STAGE3. Unit82

2週間前になって初めて、

It was not until two weeks ago that I could contact him.

2週間前になって初めて、彼と連絡が取れた

表現と語句を覚えよう

1) 2週間前になって初めて彼と連絡が取れた。
It was not until (two) (weeks) (ago) that I could contact him.

2) 昨日になって初めてそのニュースを知らされた。
It was not until (yesterday) that I was informed of the news.

3) 今年になって初めて海外旅行を経験した。
It was not until (this) (year) that I experienced overseas travel.

4) 今日になって初めて試験の結果を聞いた。
It was not until (today) that I heard the result of the test.

5) 昨晩になって初めてクレジットカードがないのに気付いた。
It was not until (last) (night) that I noticed my credit card was missing.

▶▶ 間違いがわかるようにしよう

1) 昨晩になって初めてクレジットカードがないのに気付いた。
It was not until last night which I noticed my credit card was missing. (which → that)

2) 2週間前になって初めて彼と連絡が取れた。
That was not until two weeks ago that I could contact him. (That → It)

3) 今日になって初めて試験の結果を聞いた。
This was not until today that I heard the result of the test. (This → It)

4) 今年になって初めて海外旅行を経験した。
It was not before this year that I experienced overseas travel. (before → until)

▶▶ 書き換えてみよう

☐ 1) 昨晩になって初めてクレジットカードがないのに気付いた。
I did not notice my credit card was missing until last night. → (It)(was)(not)(until) last night (that) I noticed my credit card was missing.

☐ 2) 2週間前になって初めて彼と連絡が取れた。
I could not contact him until two weeks ago. → (It)(was)(not)(until) two weeks ago (that) I could contact him.

☐ 3) 今日になって初めて試験の結果を聞いた。
I did not hear the result of the test until today. → (It)(was)(not)(until) today (that) I heard the result of the test.

☐ 4) 今年になって初めて海外旅行を経験した。
I did not experience overseas travel until this year. → (It)(was)(not)(until) this year (that) I experienced overseas travel.

▶▶ 文を書いてみよう

☐ 1) 今朝になって初めて父の病気を知らされた。
It was not until this morning that I was informed of my father's illness.

☐ 2) 先週になって初めて私の子供が歩き始めた。
It was not until last week that my child started to walk.

☐ 3) 今年になって初めて景気が上向いてきた。
It was not until this year that the market is picking up.

☐ 4) 今月になった初めて体重が減り始めた。
It was not until this month that I was begging to lose weight.

英文法のまとめ 8 2

📄 ルールを確認しよう　慣用表現

よく使われる慣用表現の1つに **It was not until ～ that** …「～になって初めて…する」があります。インパクトを与えたいときに使いましょう。もちろん同じ内容を普通に書くこともできます。普通の文がどのようにして強調されているのかを確認しましょう。

「～になって初めて…する」

It was not until	～ that	文(…)
It was not until	yesterday that	I heard the news.

I did not hear the news until yesterday.
（昨日になって初めてその知らせを聞いた）

STAGE3. Unit 83

彼女は彼を見るや否や微笑んだ

Hardly had she seen him when she smiled.

表現と語句を覚えよう

1) 彼女は彼を見るや否や微笑んだ。
  (Hardly) (had) she (seen) him (when) she smiled.
2) 家を出るや否や雨が降り始めた。
  (Hardly) (had) we (left) home (when) it began to rain.
3) その知らせを聞くや否や彼女は泣き始めた。
  (Hardly) (had) she (heard) the news (when) she began to cry.
4) その結果を知るや否や彼は事務所から飛び出していった。
  (Hardly) (had) he (known) the result (when) he dashed out of the office.
5) タバコを吸うや否や彼は咳をし始めた。
  (Hardly) (had) he (smoked) (when) he started coughing.

▶▶ 間違いがわかるようにしよう

1) その知らせを聞くや否や彼女は泣き始めた。
   Hard had she heard the news when she began to cry.
   (Hard → Hardly)
2) その結果を知るや否や彼は事務所から飛び出していった。
   Hardly had he know the result when he dashed out of the office.
   (know → known)
3) 家を出るや否や雨が降り始めた。
   Hardly had we left home that it began to rain. (that → when)
4) 彼を見るや否や彼女は微笑んだ。
   Hardly has she seen him when she smiled. (has → had)

▶▶ 書き換えてみよう

☐ 1) その知らせを聞くや否や彼女は泣き始めた。
She had **hardly** heard the news when she began to cry. → **Hardly** (had) (she) (heard) the news when she began to cry.

☐ 2) その結果を知るや否や彼は事務所を飛び出していった。
He had **hardly** known the result when he dashed out of the office. → **Hardly** (had) (he) (known) the result when he dashed out of the office.

☐ 3) 家を出るや否や雨が降り始めた。
We had **hardly** left home when it began to rain. → **Hardly** (had) (we) (left) home when it began to rain.

☐ 4) 彼女は彼を見るや否や微笑んだ。
She had **hardly** seen him when she smiled. → **Hardly** (had) (she) (seen) him when she smiled.

▶▶ 文を書いてみよう

☐ 1) 家を出るや否や電話が鳴った。
Hardly had I left home when the telephone rang.

☐ 2) 試験の結果を聞くや否や彼女は飛び上がった。
Hardly had she heard the result of the test when she jumped.

☐ 3) その知らせを聞くや否や彼は彼女に電話した。
Hardly had he heard the news when he called her.

英文法のまとめ 83

ルールを確認しよう　慣用表現－2

よく使われる慣用表現の1つに Hardly had 主語 ～ed when … 「～するや否や…する」があります。インパクトを与えたいときに使いましょう。もちろん同じ内容を普通に書くこともできます。普通の文がどのようにして強調されているのかを確認しましょう。否定語句が文頭にくると倒置が起こりますが、この構文はそれを応用しています。

「～するや否や…する」		
Hardly had	主語 ～ed when	文 (…)
Hardly had	we left home when	it began to rain.
We had hardly	left home when	it began to rain.
家を出るや否や		雨が降り始めた。

STAGE3. Unit 84

彼は駅を出るや否や

No sooner had he got out of the station than he hopped into the taxi.

彼は駅を出るや否やタクシーに飛び乗った

表現と語句を覚えよう

CD1 84

☐ 1) 彼は駅を出るや否やタクシーに飛び乗った。
   (No) (sooner) (had) he (got) out of the station (than) he hopped into the taxi.

☐ 2) 電話に出るや否や電話が切れた。
   (No) (sooner) (had) I (answered) the phone (than) I was cut off.

☐ 3) 彼女は私を見るや否や私に手を振った。
   (No) (sooner) (had) she (seen) me (than) she waved to me.

☐ 4) テレビをつけるや否やニュース速報があった。
   (No) (sooner) (had) I (turned) on the television (than) there was a news flash.

▶▶ 間違いがわかるようにしよう

☐ 1) 電話に出るや否や電話が切れた。
   No sooner had I answered the phone when I was cut off.
   (when → than)

☐ 2) 彼女は私を見るや否や私に手を振った。
   No sooner has she seen me than she waved to me.
   (has she → had she)

☐ 3) 彼は駅を出るや否やタクシーに飛び乗った。
   No sooner had he got out of the station before he hopped into the taxi.
   (before → than)

☐ 4) テレビをつけるや否やニュース速報があった。
   No soon had I turned on the television than there was a news flash.
   (No soon → No sooner)

▶▶ 書き換えてみよう

☐ 1) 電話に出るや否や電話が切れた。

I had **no sooner** answered the phone than I was cut off. → **No sooner** (had) (I) (answered) the phone than I was cut off.

☐ 2) 彼女は私を見るや否や私に手を振った。

She had **no sooner** seen me than she waved to me. → **No sooner** (had) (she) (seen) me than she waved to me.

☐ 3) 彼は駅を出るや否やタクシーに飛び乗った。

He had **no sooner** got out of the station than he hopped into the taxi. → **No sooner** (had) (he) (got) out of the station than he hopped into the taxi.

☐ 4) テレビをつけるや否やニュース速報があった。

I had **no sooner** turned on the television than there was a news flash. → **No sooner** (had) (I) (turned) on the television than there was a news flash.

▶▶ 文を書いてみよう

☐ 1) 彼女メールを読むや否や彼女は青くなった。

No sooner had she read the e-mail than she turned pale.

☐ 2) 彼は朝食を取るや否や家を飛び出していった。

No sooner had he had breakfast than he rushed out of the house.

☐ 3) その犬は私を見るや否や私に吠えた。

No sooner had the dog seen me than it barked at me.

英文法のまとめ 84

ルールを確認しよう　慣用表現−3

よく使われる慣用表現の1つに No sooner had 主語 〜ed than … 「〜するや否や…する」があります。すでに習った Hardly 〜 when …の構文同様に両者を混同しないように。「〜するや否や…する」

No sooner had	主語 〜ed than	文(…)
No sooner had	he heard the news than	he called her.
He had no sooner	heard the news than	he called her.
その知らせを聞くや否や		彼は彼女に電話した。

STAGE3. Unit 85

日本製のそのハイブリッド車は、

The hybrid car, made in Japan, is also popular overseas.

日本製のそのハイブリッド車は、海外でも人気です

表現と語句を覚えよう

CD1 85

☐ 1) 日本製のそのハイブリッド車は、海外でも人気です。
   The hybrid car, (*made*) (*in*) (*Japan*), is also popular overseas.

☐ 2) 江戸時代に作られたその城は、機能的な美しさで有名です。
   The castle, (*built*) (*in*) (*the*) (*Edo*) (*Period*), is famous for its functional beauty.

☐ 3) 若者に人気のあるその雑誌は、よく売れています。
   The magazine, (*popular*) (*among*) (*young*) (*people*), is selling very well.

☐ 4) オートレースで有名なその都市は、不況で苦しんでいる。
   The city, (*famous*) (*for*) (*the*) (*auto*) (*race*), is suffering from the recession.

▶▶ 間違いがわかるようにしよう

☐ 1) オートレースで有名なその都市は、不況で苦しんでいる。
   The city, is famous for the auto race, is suffering from the recession.
   (is famous → famous)

☐ 2) 若者に人気のあるその雑誌は、よく売れています。
   The magazine, it is popular among young people, is selling very well.
   (it is popular → popular)

☐ 3) 日本製のそのハイブリッド車は、海外でも人気です。
   The hybrid car, make in Japan, is also popular overseas. (make → made)

☐ 4) 江戸時代に作られたその城は、機能的な美しさで有名です。
   The castle, build in the Edo Period, is famous for its functional beauty.
   (build → built)

▶▶ 書き換えてみよう

☐ 1) オートレースで有名なその都市は、不況で苦しんでいる。
The city, **which is famous for the auto race**, is suffering from the recession. → The city, (famous) (for) (the) (auto) (race), is suffering from the recession.

☐ 2) 若者に人気のあるその雑誌は売れています。
The magazine, **which is popular among young people**, is selling very well. → The magazine, (popular) (among) (young) (people), is selling very well.

☐ 3) 日本製のそのハイブリッド車は海外でも人気です。
The hybrid car, **which is made in Japan**, is also popular overseas. → The hybrid car, (made) (in) (Japan), is also popular overseas.

☐ 4) 江戸時代に作られたその城は、機能的な美しさで有名です。
The castle, **which was built in the Edo Period**, is famous for its functional beauty. → The castle, (built) (in) (the) (Edo) (period), is famous for its functional beauty.

▶▶ 文を書いてみよう

☐ 1) 先月封切られたその映画は、すでに売り上げが10億ドルに達した。
The movie, released last month, has already reached one billion dollars in sales.

☐ 2) そのラップトップは、速度が最も速く、しかもとても軽い。
The laptop, the fastest of the kind, is also very light.

英文法のまとめ 85

📖 ルールを確認しよう　挿入

名詞などの補足説明をする時に挿入をよく使いますが、挿入される語句の構造は、関係代名詞節の構造と似ています。文が簡潔になるのでこの構造がよく使われます。

主語	挿入語句	動詞
The car,	made in Japan,	is very popular now.
The car,	which is made in Japan,	is very popular now.
その車は、	日本車で、	今とても人気がある。

STAGE3. Unit 86

その店は東京で最大だそうです

The store, they say, is the largest in Tokyo.

表現と語句を覚えよう

☐ 1) その店は東京で最大だそうです。
   The store, (they) (say), is the largest in Tokyo.
☐ 2) その寺は江戸時代に作られたようです。
   The temple, (it) (seems), was built in the Edo period.
☐ 3) そのハイブリッド車はお買い得だと思います。
   The hybrid car, (I) (believe), is a good buy.
☐ 4) その本は、とても読みにくいとわかりました。
   The book, (I) (realized), is very difficult to read.
☐ 5) その会社は倒産しかけているという報告です。
   The company, (the) (report) (says), is on the brink of bankruptcy.

▶▶ 間違いがわかるようにしよう

☐ 1) その会社は倒産しかけているという報告です。
   The company, the report says it, is on the brink of bankruptcy.
   (says it → says)

☐ 2) その寺は江戸時代に作られたようです。
   The temple, that seems, was built in the Edo period.
   (that seems → it seems)

☐ 3) その店は東京で最大だそうです。
   The store, is said, is the largest in Tokyo. (is said → they say)

☐ 4) そのハイブリッド車は、お買い得だと思います。
   The hybrid car, I believe that, is a good buy.
   (I believe that → I believe)

☐ 5) その本はとても読みにくいとわかりました。
   The book, which realized, is very difficult to read.
   (which realized → I realized)

▶▶ 書き換えてみよう

☐ 1) その会社は倒産しかけているという報告です。
The report says that the company is on the brink of bankruptcy. → The company, (the) (report) (says), is on the brink of bankruptcy.

☐ 2) その寺は江戸時代に作られたようです。
It seems that the temple was built in the Edo period. → The temple, (it) (seems), was built in the Edo period.

☐ 3) その店は東京で最大のようです。
They say that the store is the largest in Tokyo. → The store, (they) (say), is the largest in Tokyo.

☐ 4) そのハイブリッド車はお買い得だと思います。
I believe that the hybrid car is a good buy. → The hybrid car, (I) (believe), is a good buy.

▶▶ 文を書いてみよう

☐ 1) そのゲームは子供たちの間で人気があるようです。
The game, it seems, is popular among children.

☐ 2) その会社の売り上げが10億円に達したそうです。
The company, they say, reached one billion yen in sales.

☐ 3) そのラップトップはお買い得だと思います。
The laptop, I believe, is a good buy.

☐ 4) その町にはすばらしい伝統があるとわかりました。
The town, I realized, has a wonderful tradition.

英文法のまとめ86

📄 ルールを確認しよう　主節の挿入

　that 節の前に置かれる主節—It seems、they say、I believe、the report says などを文の中に挿入するケースがよく見られます。これは単調な繰り返しを防ぐためのようです。挿入する際に気をつけたいことは、文の前に置かれている that を省略することです。次の例で確認しましょう。

主語	主節	動詞
The car,	it seems,	is very popular now.

It seems that the car is very popular now.
（その車は今とても人気があるようです）

STAGE3. Unit 87

私は決して同じミスを繰り返しません
I never repeat the same mistake.

表現と語句を覚えよう

1) 私は決して同じミスを繰り返しません。
   I (never) repeat the same mistake.
2) 私はそれがまったく好きではありません。
   I do (not) like it (at) (all).
3) 私はその話をほとんど信じられません。
   I can (hardly) believe the story.
4) 私はそれに少しも興味がありません。
   I am (not) interested in it (in) (the) (least).
5) 私はクラシック音楽はめったに聴きません。
   I (seldom) listen to classical music.

▶▶ 間違いがわかるようにしよう

1) 私は納豆がまったく好きではありません。
   I not like natto (fermented soybeans) at all. (not like → do not like)
2) 私は彼の言うことがほとんど信じられません。
   I cannot hardly believe what he says. (cannot → can)
3) 私はその車に少しも興味がありません。
   I am not interested in the car of the least.
   (of the least → in the least)
4) 私はその種の本はめったに読みません。
   I don't seldom read that kind of book. (don't seldom → seldom)

▶▶ 質問してみよう

1) あなたは納豆がまったく好きではありませんか。
   Don't you like natto (fermented soybeans) at all?
   No. I don't like natto at all.

☐ 2) あなたは彼の言うことがほとんど信じられませんか。
Can you hardly believe what he says?
No. I can hardly believe what he says.

☐ 3) あなたはその車に少しも興味がありませんか。
Aren't you interested in the car in the least?
No. I am not interested in the car in the least.

☐ 4) あなたはその種の本をめったに読みませんか。
Do you seldom read that kind of book?
No. I seldom read that kind of book.

▶▶ 文を書いてみよう

☐ 1) 私はそのテレビゲームにまったく興味を持っていません。
I am not interested in the TV game at all.

☐ 2) 私はそれを聞いた時、ほとんど私の耳を疑いました。
I could hardly believe my ears when I heard it.

☐ 3) 私は株でお金をもうけたいなんて少しも思いません。
I don't want to make money on the stock market in the least.

英文法のまとめ 87

📄 ルールを確認しよう　否定を表す表現

　否定を表す表現で注意するものが2つあります。1つは否定を強調する慣用表現で、よく使われるのは not ～ at all と not ～ in the least です。2つ目は準否定語で、hardly と seldom が代表的なものです。hardly、seldom は否定の形を取っていないので not や no を一緒に使いがちです。気をつけましょう。

否定を強調する慣用表現		準否定語	
まったく～ない	not ～ at all	ほとんど～ない	hardly
少しも～ない	not ～ in the least	めったに～しない	not ～ in the least

I do not like it at all.
（私はそれがまったく好きではありません）
I can hardly believe it. (× I cannot hardly believe it.)
（それはほとんど信じられません）
I have hardly any energy left. (× I have hardly no energy left.)
（ほとんどエネルギーが残っていません）

STAGE3. Unit88

私自らが間違いを発見しました

I myself found the mistake.

表現と語句を覚えよう

CD1 88

☐ 1) 私自らが間違いを発見しました。
　　I (myself) found the mistake.
☐ 2) 彼は同じ間違いを何度も何度も繰り返しました。
　　He repeated the same mistake (again) (and) (again).
☐ 3) 彼は彼女よりはるかに年を取っています。
　　He is (much) older than she.
☐ 4) 彼女は生け花を本当に楽しんでいます。
　　She (does) enjoy flower arrangement.
☐ 5) 私は彼女の話し方がとても好きです。
　　I (really) like the way she talks.

▶▶ 間違いがわかるようにしよう

☐ 1) 私は彼女の話し方がとても好きです。
　　I real like the way she talks. (real → really)
☐ 2) 私自らが間違いを発見しました。
　　I me found the mistake. (I me → I myself)
☐ 3) 彼は同じ間違いを何度も何度も繰り返しました。
　　He repeated the same mistake once more.
　　　　　　　　　　　　　(once more → again and again)
☐ 4) 彼は彼女よりはるかに年を取っています。
　　He is very older than she. (very → much)
☐ 5) 彼女は生け花を本当に楽しんでいます。
　　She do enjoy flower arrangement. (do → does)

▶▶ 質問してみよう

CD2 44

☐ 1) あなたは彼女の話し方がとても好きですか。

Do you really like the way she talks?
Yes. I really like the way she talks.

☐ 2) 彼女は生け花を楽しんでいますか。
Does she enjoy flower arrangement?
Yes. She does enjoy flower arrangement.

☐ 3) あなた自身が間違いを発見したのですか。
Did you yourself find the mistake?
Yes. I myself found the mistake.

☐ 4) 彼は同じ間違いを何度も何度も繰り返しましたか。
Did he repeat the same mistake again and again?
Yes. He repeated the same mistake again and again.

▶▶ 文を書いてみよう

☐ 1) 私自身がその責任を取りました。
I myself took responsibility for it.

☐ 2) 彼女は私に何度も何度も謝りました。
She apologized to me again and again.

☐ 3) 私は本当に心から彼を尊敬しています。
I really respect him from the bottom of my heart.

☐ 4) 私の収入は彼の収入よりはるかに少ない。
My income is much smaller than his.

英文法のまとめ 88

📄 **ルールを確認しよう　強調表現**

強調するにはいくつかの方法があります。次の例で確認しておきましょう。

代表的な強調表現
1) 再帰代名詞を使う
2) 語句を繰り返す
3) 強調の do を使う
4) 強調語句を使う
5) 比較級の強調は much を使う

1) I myself did it. (私自身がそれをしました)
2) I did it again and again. (私はそれを何度も何度もしました)
3) I do like coffee. (私は本当にコーヒーが好きです)
4) I really like coffee. (私は本当にコーヒーが好きです)
5) I like coffee much better than tea. (私は紅茶よりもコーヒーの方がはるかに好きです)

STAGE3. Unit89

なんて美しい夕焼けなのでしょう

What a beautiful sunset it is!

表現と語句を覚えよう

☐ 1) なんて美しい夕焼けなのでしょう。
(What) a beautiful sunset it is!

☐ 2) なんて素敵なネックレスでしょう。
(What) a nice necklace it is!

☐ 3) その家はなんと大きいのでしょう。
(How) large the house is!

☐ 4) それはなんて不思議なのでしょう。
(How) strange it is!

☐ 5) なんて素敵なドレスを着ているのでしょう。
(What) a nice dress you are wearing!

▶▶ 間違いがわかるようにしよう

☐ 1) なんて素敵なネックレスでしょう。
What nice necklace it is! (nice necklace→a nice necklace)

☐ 2) その家はなんと大きいのでしょう。
How a large the house is! (a large→large)

☐ 3) それはなんて不思議なのでしょう。
How a strange it is! (a strange → strange)

☐ 4) なんて美しい夕焼けなのでしょう。
What beautiful sunset it is! (beautiful sunset → a beautiful sunset)

☐ 5) なんて素敵なドレスを着ているのでしょう。
What nice dress you are wearing! (nice dress→a nice dress)

▶▶ 書き換えてみよう

☐ 1) なんて素敵なネックレスでしょう。
It is a very nice necklace. → (What) (a) (nice) (necklace) it is!

☐ 2) その家はなんと大きいのでしょう。
The house is very large. → (How) (large) the house is!

☐ 3) それはなんて不思議なんでしょう。
It is very strange. → (How) (strange) it is!

☐ 4) なんて美しい夕焼けなのでしょう。
It is a very beautiful sunset. → (What) (a) (nice) (sunset) it is!

▶▶ 文を書いてみよう

☐ 1) なんて素敵な家でしょう。
What a nice house it is!

☐ 2) それはなんて複雑なんだ。
How complicated it is!

☐ 3) なんて感動的な演説なんでしょう。
What a moving speech it is!

☐ 4) なんて広いロビーなんだ。
What a spacious lobby it is!

英文法のまとめ 89

ルールを確認しよう 感嘆文

感動をストレートに表現する感嘆文には、大きく分けて2種類あります。

1) Whatを使うもの：What a(an)＋形容詞＋名詞＋[SV]!
2) Howを使うもの：How 形容詞＋[SV]

次の例で確認しましょう。

It is a very strange building.
→What a strange building [it is]!
→How strange the building is!
（なんて不思議なビルなんだ）

It is a very beautiful sunset.
→What a beautiful sunset [it is]!
→How beautiful the sunset is!
（なんて美しい夕焼けなんだ）

STAGE3 Unit90

君はその車が本当に好きなんだね
You really like the car, don't you?

表現と語句を覚えよう

☐ 1) 君はその車が本当に好きなんだね。
　　You really like the car, (don't) (you)?
☐ 2) 君は社長が好きじゃないんだね。
　　You don't like your boss, (do) (you)?
☐ 3) 君はそれを一人で出来るでしょう。
　　You can do it alone, (can't) (you)?
☐ 4) それを断ってもらえませんか。
　　Please turn it down, (will) (you)?
☐ 5) それを一緒にしませんか。
　　Let's do it together, (shall) (we)?

▶▶ 間違いがわかるようにしよう

☐ 1) それを断ってもらえませんか。
　　Please turn it down, shall we? (shall we→will you)
☐ 2) 君はそれを1人でできるでしょう。
　　You can do it alone, can you? (can you→can't you)
☐ 3) 君はその車が本当に好きなんだね。
　　You really like the car, do you? (do you→don't you)
☐ 4) それを一緒にしませんか。
　　Let's do it together, will you? (will you→shall we)
☐ 5) 君は社長が好きじゃないんだね。
　　You don't like your boss, don't you? (don't you→do you)

▶▶ 書き換えてみよう

1) 君は仕事が好きなんだね。
I think you like your job. → You like your job, (don't) (you)?

2) 君は英語が嫌いなんだね。
I don't think you like English. → You don't like English, (do) (you)?

3) ここで待っていてもらえますか。
Will you please wait for me here? → Please wait for me here, (will) (you)?

4) 10分したら出ましょう。
Shall we leave in ten minutes? → Let's leave here in ten minutes, (shall) (we)?

▶▶ 文を書いてみよう

1) 5時までにここに来れますね。
You can come here by five, can't you?

2) 君はそれを話したくないのですね。
You don't want to talk about it, do you?

3) ディズニーランドに行きましょう。
Let's go to Disneyland, shall we?

4) 少し音量を下げていただけますか。
Please turn it down a little, will you?

英文法のまとめ 90

📖 ルールを確認しよう　付加疑問文

付加疑問文の作り方を確認しましょう。

本文の動詞・助動詞が肯定：否定の付加疑問 (don't you, can't you)
本文の動詞・助動詞が否定：否定の付加疑問 (do you, can you)
命令文：will you
Let's で始まる文：shall we

You like it, don't you? (それが好きなんですね)
You don't like it, do you? (それが好きじゃないんですね)
You can do it, can't you? (それができますね)
You can't do it, can you? (それができませんね)
Clean the room, will you? (部屋を掃除してくださいね)
Let's clean the room, shall we? (部屋を掃除しましょう)

Diet
Pets
Promotion

独り言
いろんな場所で、ふと思いついたりする自分の感情を、ストレートにつぶやいてみましょう。

STAGE 4
実践演習：トピック編
Topic 1 ～ Topic 60

Mobile Phones
Korean Dramas
Global Warming
The Internet
The Way of Relieving Stress

2人の会話
相手との会話はキャッチボールです。いろんな球を投げ返せるようになりましょう。

ディスカッション
複数人の会話で埋もれてしまわないようにキチンと自己表現できる力を身につけましょう。

トピック01　コーヒーショップ

A 何にする？
B アイスコーヒーにしようかな。
A 砂糖とクリームは？
B いらない。
A 氷が多すぎるね。

トピック02　駅

1 券売機はどこだ。
2 新宿へ行くには山手線で5駅か。
3 相変わらず混んでるね。

トピック03　友達と一緒に勉強しない理由

1 友達と一緒だと勉強しないでおしゃべりしてしまう。
2 1人で勉強するほうが集中できる。
3 自分のペースで勉強できる。友達の質問などに邪魔されない。

トピック04　夏

A 今日は本当に暑いね。いやになっちゃうね。
B 夏は暑いに決まっている。文句を言うな。
A どこか涼しい所で休もう。

独り言　　2人の会話　　ディスカッション

Topic 01 Coffee Shop

A What will you have?
B I'll have iced coffee⁽¹⁾.
A Do you take sugar and cream⁽²⁾ in your coffee?
B No, thank you.
A There is⁽³⁾ too much ice in it.

参照 ⇒ (1) Unit 2　(2) Unit 2　(3) Unit 8

Topic 02 Station

1 Where is the ticket machine?
2 I must⁽¹⁾ take the Yamanote Line to go to Shinjuku. It is five stops from here.
3 It is very crowded⁽²⁾ as usual.

参照 ⇒ (1) Unit 27　(2) Unit 6

Topic 03 The reason I won't study with my friend

1 If my friend and I study together⁽¹⁾, I will probably enjoy talking⁽²⁾ with him without studying anything.
2 I can concentrate on the subject better when I study alone⁽³⁾.
3 I can study at my own pace; I won't be disturbed⁽⁴⁾ by my friend's questions, etc.

参照 ⇒ (1) Unit 77　(2) Unit 21　(3) Unit 77　(4) Unit 16

Topic 04 Summer

A It's awfully hot today. It's driving me crazy⁽¹⁾.
B Summer is supposed⁽²⁾ to be hot. Don't complain.
A Let's take a rest⁽³⁾ at some cool place.

参照 ⇒ (1) Unit 9　(2) Unit 16　(3) Unit 2

トピック 05　健康問題

1. 最近あなたの血圧が少しずつ高くなっている。
2. 体重を減らしたほうがいい。
3. 薬でなく運動してあなたの血圧を下げるようにしたほうがよい。

トピック 06　留学のメリット

1. 異文化体験して考え方が柔軟になる。
2. 言葉が習得しやすくなる。
3. 自国より進んだ専門分野を学べる。

トピック 07　梅雨

1. また雨だ。
2. いつになったら梅雨が明けるのだろう。
3. しかし、梅雨が明けるとすごく暑くなるんだよね。

トピック 08　夏休みの計画

Ⓐ 夏休みの計画はあるの？
Ⓑ カリフォルニアに旅行したいと思っているけど。君は？
Ⓐ 今年は東北を旅行したいね。

独り言　　2人の会話　　ディスカッション

Topic 05 Health Issues

1. Your blood pressure is getting[1] higher little by little these days.
2. You'd better lose some weight[2].
3. You should lower your blood pressure[3] not by taking medicine but by exercising.

参照 ⇒ (1) Unit 9　(2) Unit 2　(3) Unit 2

Topic 06 Merits of Studying Abroad

1. Experiencing different cultures makes you flexible[1] in thinking.
2. You can acquire language more easily[2].
3. You can study more advanced fields[3] than those[4] in your country.

参照 ⇒ (1) Unit 19　(2) Unit 62　(3) Unit 40　(1) Unit 69

Topic 07 The Rainy Season

1. It's raining[1] again.
2. I wonder when[2] the rainy season will be over.
3. However, when the rainy season is over,[3] it will certainly become very hot.

参照 ⇒ (1) Unit 9　(2) Unit 25　(3) Unit 77

Topic 08 Summer Plans

A: Do you have any plans for the summer vacation[1]?
B: I would like to take a trip[2] to California. How about you?
A: I want to travel[3] around the Tohoku district this year.

参照 ⇒ (1) Unit 46　(2) Unit 2　(3) Unit 22

トピック 09 週末

1. 今週末は少し時間が取れそうだ。
2. 彼女をドライブに誘おう。
A. ETCを設置しておくの忘れた！

トピック 10 交通機関の無料化

1. 車を使わなくなるのでCO_2の削減になる。
2. 学生や高齢者など収入があまりない人の助けになる。
3. 交通事故による死亡が減る。

トピック 11 ダイエット

A. 少しやせたみたい。ダイエットしてるの？
B. ええ、先月からね。
A. 運動もしてるの？

トピック 12 タバコ

1. えぇー、ここは喫煙区域ないの。
2. タバコやめられたらな。
3. でも、酒はやめないぞ。

独り言   2人の会話   ディスカッション

Topic 09 **Weekends**

① I can have⁽¹⁾ some spare time this weekend.
② I am going to⁽²⁾ ask her to go for a ride with me.
③ Oops! I forgot to install⁽³⁾ an ETC (Electronic Toll Collection System).

参照 ⇒ (1) Unit 27　(2) Unit 4　(3) Unit 22

Topic 10 **No Charge for Expressway Tolls**

① It reduces CO_2 in the atmosphere⁽¹⁾ because people use cars less than before.
② It helps people with low income⁽²⁾ such as students and elderly people.
③ It reduces the number of traffic fatalities⁽³⁾.

参照 ⇒ (1) Unit 46　(2) Unit 46　(3) unit 35

Topic 11 **Diet**

Ⓐ You look a little thinner⁽¹⁾. Are you on a diet?
Ⓑ Yes, I have been⁽²⁾ on (a diet) since last month.
Ⓐ Are you doing⁽³⁾ any exercises, too?

参照 ⇒ (1) Unit 6　(2) Unit 11　(3) unit 9

Topic 12 **Cigarettes**

① Oh no. There is no smoking area⁽¹⁾ here.
② I wish I could⁽²⁾ stop smoking⁽³⁾.
③ However, I will⁽⁴⁾ never stop drinking.

参照 ⇒ (1) Unit 8　(2) Unit 29　(3) unit 21　(4) Unit 3

トピック 13 個人でできる環境対策

1. 出来るだけ公共輸送機関を使う。
2. 可能な限りエコバッグを使用する。
3. エアコンを28度に設定する。

トピック 14 昇進

A 鈴木さん、課長に昇進したらしいよ。
B 道理で幸せそうに見えるよ。
A 奥さん喜んでいるに違いないね。

トピック 15 食事

A アパート暮らしですよね。
B そうだけど。それが？
A 料理はするの？
B いや、ほとんど外食だね。

トピック 16 電車の中

1. 危機一髪で間に合った。
2. まただ。ステレオのボリューム下げてくれないかな。
3. 自分の部屋じゃないんだよ。そんなこともわからないの。

独り言　　2人の会話　　ディスカッション

Topic 13 Environmental Measures an Individual Can Do

1 Use as much public transportation as ⁽¹⁾ possible.
2 Use my own shopping bag whenever possible ⁽²⁾.
3 Set the air conditioner⁽³⁾ at 28℃.

参照 ⇒ (1) Unit 61   (2) Unit 77   (3) Unit 41

Topic 14 Promotion

A I heard Mr. Suzuki has been promoted to section chief. ⁽¹⁾
B No wonder he looks happy⁽²⁾.
A His wife must be⁽³⁾ very pleased with it.

参照 ⇒ (1) Unit 24   (2) Unit 6   (3) Unit 28

Topic 15 Meals

A You are living⁽¹⁾ in an apartment, aren't you?
B Yes. Why?
A Do you cook?
B No. I eat out⁽²⁾ most of the times.

参照 ⇒ (1) Unit 9   (2) Unit 1

Topic 16 On the train

1 It was close⁽¹⁾, but I made it.
2 Not again. I wish he would turn down⁽²⁾ the stereo.
3 You are not in your own room⁽³⁾. Don't you know that?

参照 ⇒ (1) Unit 6   (2) Unit 29   (3) Unit 6

トピック 17 尊敬できる上司

1. 柔軟な見方ができて自分の考えを押し付けない人
2. 仕事外でもいろいろと面倒を見てくれる人
3. 決して責任転嫁をしない人

トピック 18 ペット

A 猫より犬のほうが好きなの？
B そう。犬は人になつくと言うからね。
A 確かに。猫は場所になつくと言うわね。

トピック 19 台風

1. 今回の台風はひどいみたいだ。
2. 風は前回のよりはるかに強いね。
3. 雨量も今年の台風の中で一番みたいだ。

トピック 20 カロリー

A フライものは食べないの？
B ええ、脂肪は炭水化物の3倍のカロリーを含んでいるから。
A 少しなら大丈夫なんじゃない？

独り言　　2人の会話　　ディスカッション

Topic 17　Superiors that I respect

1. Those who have flexible mind[(1)] and don't force their ideas on us
2. Those who take good care of us[(2)], even outside the office
3. Those who never shift the responsibility[(3)] to us

参照 ⇒ (1) Unit 43　(2) Unit 43　(3) Unit 43

Topic 18　Pets

A You prefer dogs to cats[(1)], don't you?
B Yes. Dogs, they say[(2)], attach themselves to people.
A That's right. I heard that cats attach themselves to places [(3)].

参照 ⇒ (1) Unit 71　(2) Unit 86　(3) Unit 24

Topic 19　Typhoons

1. This typhoon looks quite awful.
2. Its wind is far stronger than[(1)] that of[(2)] last typhoon.
3. The amount of rain that may fall[(3)] could be the largest of all the typhoons[(4)] this year.

参照 ⇒ (1) Unit 62　(2) Unit 69　(3) Unit 43　(4) Unit 63

Topic 20　Calories

A Don't you eat fried food?
B No, fat contains three times as many calories as[(1)] carbohydrates do.
A Just a little[(2)] doesn't hurt you, I think[(3)].

参照 ⇒ (1) Unit 70　(2) Unit 34　(3) Unit 86

トピック 21 運

1. ジョッギングしようと家を出るや否や雨が降ってきた。
2. 何かやろうと決心すると必ず雨が降る。
3. 運が悪いよね。

トピック 22 試験

A. 試験の準備は万全ですか？
B. もちろん。十分に練られた計画表を作ったよ。
A. 計画表を作ることとそれを実行することはまったく別だよ。

トピック 23 体育

1. 外で運動する機会が非常に少なくなってきている。
2. 健康な体作りは教育の重要な目的の1つとみなされるべきである。
3. ストレスの発散、社交性の構築に役立つ。

トピック 24 携帯電話

1. 誰か携帯電話をマナーモードにし忘れている。
2. まだ鳴っている。
3. 所有者は眠っているのか、自分のではないと思っているかどちらかだな。

独り言　　2人の会話　　ディスカッション

Topic 21 Luck

1. No sooner had I stepped out of the house to jog than⁽¹⁾ it began to rain.
2. Whenever I try to do something⁽²⁾, it never fails to rain.
3. It's just my luck.

参照 ⇒ (1) Unit 84　(2) Unit 77

Topic 22 Examination

A Are you all ready⁽¹⁾ for the test?
B Of course. I made the complete plan to prepare for the test.
A To make a plan is one thing⁽²⁾ and to carry it out is quite another.

参照 ⇒ (1) Unit 6　(2) Unit 6

Topic 23 Physical Education

1. There have been fewer chances⁽¹⁾ to play outside than there used to be.
2. Building a healthy body should be regarded⁽²⁾ as one of the essential purposes of education⁽³⁾.
3. Exercise and sports activities help reduce stress and build social skills.

参照 ⇒ (1) Unit 8　(2) Unit 16　(3) Unit 46

Topic 24 Mobile Phones

1. Somebody forgot to put⁽¹⁾ his/her mobile phone on the manner mode.
2. Oh, it is still ringing⁽²⁾.
3. Either its owner is sleeping or⁽³⁾ he/she thinks it's someone else's.

参照 ⇒ (1) Unit 22　(2) Unit 9　(3) Unit 57

トピック 25 コンビニ

Ⓐ コンビニはアパート暮らしの独身男性には不可欠だね。
Ⓑ そうだね。特に料理が苦手な人には。
Ⓐ 8時間交替で働く人にもなくてはならないね。

トピック 26 事故

Ⓐ ツアーバスが事故を起こしたニュース聞いた？
Ⓑ ええ、乗客も運転手もひどいけがをしたらしいね。
Ⓐ 私もそのツアーに参加していたらひどいけがをしたでしょう。

トピック 27 ジャズコンサート

1 ジャズコンサートはすばらしかったな。
2 観客はあまり多くなかったけれど、観客は皆演奏に魅了された。
3 私自身も感動してCDを買いたくなった。

トピック 28 義務教育

1 親は専門家ではなく、教えることに限界がある。
2 子供は同世代の仲間と一緒に遊んで、人間関係を築く必要がある。
3 家庭は学校のように社会集団にはなれない。

独り言　　2人の会話　　ディスカッション

Topic 25 Convenience Stores

A A convenience store⁽¹⁾ is essential for a bachelor who lives in an apartment⁽²⁾.
B Certainly. It is a must, especially for one who is not good at cooking⁽³⁾.
A It is also inevitable for one who works an 8-hour shift⁽⁴⁾.

参照 ⇒ (1) Unit 41   (2) Unit 43   (3) Unit 43   (4) Unit 42

Topic 26 Accidents

A Did you hear the news that⁽¹⁾ the tour bus had an accident?
B Yes. The driver as well as the passengers⁽²⁾ seems to have been seriously injured.
A If I had taken the tour, I would have been⁽³⁾ seriously injured, too.

参照 ⇒ (1) Unit 49   (2) Unit 56   (3) Unit 30

Topic 27 Jazz Concerts

1 The jazz concert was fantastic.
2 Though the audience was rather small,⁽¹⁾ they were all enthralled by⁽²⁾ their performance.
3 I myself⁽³⁾ was so moved that I felt like buying their CD.

参照 ⇒ (1) Unit 77   (2) Unit 16   (3) Unit 88

Topic 28 Compulsory Education

1 Parents are not professionals and there is a limit to what they can teach⁽¹⁾.
2 Children need to play with peers to develop human relationships⁽²⁾.
3 Homes cannot be⁽³⁾ social communities as schools are.

参照 ⇒ (1) Unit 59   (2) Unit 79   (3) Unit 27

トピック29 スーパー

A 中国産の食べ物はとても安いわね。
B ええ、わかってるけれど買うのを躊躇しちゃうわ。
A あなたが買いたがらない理由を知りたいですね。

トピック30 ワールドカップ

A このワールドカップの試合を見ている非常に多くの人がいるに違いありませんね。
B きっとそうだと思います。
A この試合は日本のチームにとって最も大切な試合ですからね。

トピック31 インターネット

1. どこからでも非常に多くの情報にアクセスできる。
2. 即座にメッセージを世界中に送ることができる。
3. 自分が必要としているものを簡単に探すことができる。

トピック32 うわさ

A 森の中のあの白い大きな家にお化けが出るらしいよ。
B 80歳になる老女が1人で住んでいるって聞いたけど。
A 何か気味悪いね。

独り言　　2人の会話　　ディスカッション

Topic 29 Supermarkets

A Foods produced in China are very cheap, aren't they⁽¹⁾?
B Yes, I know, but I hesitate to buy⁽²⁾ them.
A I would like to know the reason why⁽³⁾ you don't want to buy them.

参照 ⇒ (1) Unit 90   (2) Unit 22   (3) Unit 50

Topic 30 The World Cup

A There must be a huge number of people⁽¹⁾ watching this world cup game⁽²⁾.
B I definitely think so.
A This game is the most important⁽³⁾ for the Japanese team.

参照 ⇒ (1) Unit 35   (2) Unit 44   (3) Unit 63

Topic 31 The Internet

1 You can have access to a large amount of information⁽¹⁾ anywhere.
2 You can send messages⁽²⁾ instantly all over the world.
3 You can find what you want⁽³⁾ very easily.

参照 ⇒ (1) Unit 35   (2) Unit 2   (3) Unit 25

Topic 32 A Rumor

A That large white house⁽¹⁾ in the woods is supposed to be haunted.
B I heard that⁽²⁾ an 80-year-old woman is living there alone.
A It sounds spooky, doesn't it⁽³⁾?

参照 ⇒ (1) Unit 39   (2) Unit 24   (3) unit 90

トピック 33　昔話？

1. 慎み深い老人は2つの箱のうち小さいほうを選びました。
2. 欲張りの老人は2つの箱のうち大きいほうを選びました。
3. 小さい箱の中身は大きい箱の中身よりはるかに貴重なものでした。欲張りは引き合いませんね。

トピック 34　季節

A　オーストラリアでは2月がすべての月の中で最も寒い月ですか。
B　いいえ。8月がオーストラリアでは他のどの月よりも寒いです。
A　そうですね。オーストラリアは南半球にありましたね。

トピック 35　高校生はパートをすべき

1. 勉強だけでは学べないことがたくさんある。
2. 実際に働くことによってお金の価値を知ることは大切である。
3. 少ない時間を有効に利用する習慣がつく。

トピック 36　若者のファッション

1. 若い人のファッションを理解することは時々難しい。
2. ズボンをひざまで下げて歩きにくくないのだろうか。
3. 他の人と違って見えることが必要なのかな。

独り言　　2人の会話　　ディスカッション

Topic 33 Old Tales?

1. The modest old man chose the smaller of the two chests[1].
2. The greedy old man chose the larger of the two[2].
3. The contents of the smaller chest were far more precious than that of[3] the larger chest. Greed doesn't pay, does it[4]?

　　　　　参照 ⇒ (1) Unit 64　(2) Unit 64　(3) Unit 69　(4) Unit 90

Topic 34 Seasons

A: Is February the coldest of all the months[1] in Australia?
B: No. August is colder than any other month[2] in Australia.
A: That's right. Australia is located[3] in the southern hemisphere, isn't it?

　　　　　参照 ⇒ (1) Unit 63　(2) Unit 65　(3) Unit 16

Topic 35 High School Students Should Do Part-time Jobs?

1. There are many things that you cannot learn[1] only from studying.
2. It is important to know[2] the value of money by working.
3. You will acquire the habit of making effective use[3] of little available time.

　　　　　参照 ⇒ (1) Unit 43　(2) Unit 73　(3) Unit 46

Topic 36 Young People's Fashion

1. It is sometimes difficult to appreciate[1] young people's fashion.
2. Isn't it difficult to walk with their pants down to their knees?
3. It is necessary, I think,[2] that they look different from other people.

　　　　　参照 ⇒ (1) Unit 43　(2) Unit 86

トピック 37　バイリンガル

A　英語も日本語も完璧ですね。
B　私の母はアメリカ生まれで、家では英語しか使いません。
A　私もあなたのようなバックグランドを持っていればなあ。

トピック 38　友達に求めるものは何か

1. 困った時に助けてくれる人
2. 間違っている時に指摘してくれる人
3. 自分とは違った考えを持っている人

トピック 39　フリーター

1. 正直言って、定職に就くことは重要だと思わない。
2. 多くの仕事を経験することは私を博識にしてくれる。
3. ましてや、そんなに若いときには自分にとって何が一番大切かわかる訳ない。

トピック 40　後悔

1. 食べ過ぎて眠くなった。
2. 仕事に戻るよりも今昼寝をしたいな。
3. 大盛りを頼むべきじゃなかった。

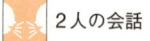

独り言　　2人の会話　　ディスカッション

Topic 37　Bilingual

A Both your Japanese and⁽¹⁾ English are perfect.
B My mother, born in the United States, ⁽²⁾ uses only English at home.
C I wish I had⁽³⁾ a background like yours.

　　　　　　　　参照 ⇒ (1) Unit 57　(2) Unit 85　(3) Unit 29

Topic 38　What You Seek from your Friends

1 One who helps me when I am in trouble⁽¹⁾
2 One who points it out that I am in the wrong⁽²⁾
3 One who has ideas different from mine⁽³⁾

　　　　　　　　参照 ⇒ (1) Unit 77　(2) Unit 74　(3) Unit 48

Topic 39　A Job-hopping Part-time Worker

1 Honestly speaking,⁽¹⁾ I don't think it important to have⁽²⁾ a regular job.
2 Experiencing many kinds of jobs makes me knowledgeable⁽³⁾.
3 Besides, I cannot find what is best⁽⁴⁾ for me such an early age.

　　　　　　　　参照 ⇒ (1) Unit 78　(2) Unit 73　(3) Unit 20　(4) Unit 25

Topic 40　Regrets

1 Eating too much⁽¹⁾ makes me sleepy.
2 I would rather take a nap now than⁽²⁾ go back to work.
3 I shouldn't have ordered⁽³⁾ a large serving.

　　　　　　　　参照 ⇒ (1) Unit 19　(2) Unit 72　(3) unit 28

トピック 41　小さい会社の社長

1. 自分で方針を決定できる。
2. 危険を伴うが、成功すればより大きな収入を得られる。
3. 同僚と競い合う必要がない。

トピック 42　ストレス解消法

A あなたはどうやってストレスを解消していますか？
B 答えが出ない時は忘れて寝てしまいます。あなたは？
A ええと、ゆっくり温泉につかることですかね。

トピック 43　壊れたサイドミラー

1. 誰かがサイドミラーを壊してしまった。
2. 偶然にしたとは思えない。
3. 鏡が粉々になっている。

トピック 44　小学校の英語教育

1. あまり早いうちから英語を学ぶと母国語が不完全になってしまう。
2. 英語以外に学ぶべき科目がたくさんある。
3. 英語をしっかり教えられる小学校の先生が不足している。

独り言　　2人の会話　　ディスカッション

Topic 41 The President of a Small Company

1. You yourself⁽¹⁾ can decide the company's policies.
2. Though you have to take risks,⁽²⁾ you can have a larger income if successful.
3. You don't have to compete with your colleagues.

参照 ⇒ (1) Unit 88　(2) Unit 77

Topic 42 The Way of Relieving Stress

A What is your way of relieving⁽¹⁾ your stress?
B When I cannot find the solution,⁽²⁾ I forget about it and go to bed. What is yours?
A Well, I take a leisurely hot spring bath⁽³⁾.

参照 ⇒ (1) Unit 46　(2) Unit 77　(3) Unit 39, 41

Topic 43 The Broken Side-view Mirror

1. Someone has broken⁽¹⁾ the side-view mirror.
2. I don't think⁽²⁾ he or she did it by accident.
3. The mirror has broken⁽³⁾ into pieces.

参照 ⇒ (1) Unit 14　(2) Unit 24　(3) Unit 14

Topic 44 English Education in Elementary School

1. If you start learning English too early, it affects the development⁽¹⁾ of your mother tongue.
2. There are many subjects to learn⁽²⁾ other than English.
3. There is a shortage of elementary teachers⁽³⁾ capable of teaching English.

参照 ⇒ (1) Unit 2　(2) Unit 46　(3) Unit 47

トピック 45　朝食

A 朝食は日本食ですか、洋食ですか？
B 私は洋食で、トースト2枚、牛乳コップ1杯、コーヒーカップ1杯が私の朝食です。あなたは？
A 私は日本食で、ご飯1杯、お味噌汁1杯、おしんこは欠かさずいただいています。

トピック 46　テレビは子供に悪影響を与える

1 多くの暴力シーンを見ることが暴力的な素質を持つ子供を本当に暴力的にする。
2 絶えず挿入されるコマーシャルが子供の集中力を損なう。
3 テレビの前に座っている時間が家族間のコミュニケーションの機会を奪う。

トピック 47　人を外見で判断するな

1 人は外見で判断されるべきではないが、実際に行われている。
2 貧しい服装をしている人は劣っていると思われがちである。
3 私もその1人として数えられたくない。

トピック 48　追っかけ

A その歌手がどこに住んでいるか知ってる？
B もちろん、その歌手の情報はスケジュールも含めて完璧にわかるわ。
A あなた追っかけやっているの？

独り言　　2人の会話　　ディスカッション

Topic 45 Breakfast

A Which do you prefer,⁽¹⁾ a Japanese style breakfast or a western style breakfast?
B I prefer western, and my breakfast consists of two pieces of toast⁽²⁾, a glass of milk, and a cup of coffee. How about you?
A I prefer Japanese, and I never fail to have a bowl of steamed rice⁽³⁾, a bowl of soybean soup and some pickles.

参照 ⇒ (1) Unit 71　(2) Unit 33　(3) Unit 33

Topic 46 Television Has a Bad Influence on Children

1 Watching many violent scenes on TV makes children with a potential for violence ⁽¹⁾ actually violent.
2 Frequently inserted commercials make children's attention span rather short⁽²⁾.
3 Time spent in front of TV⁽³⁾ takes away chances for communication among family members.

参照 ⇒ (1) Unit 46　(2) Unit 20　(3) Unit 45

Topic 47 You Shouldn't Judge People by their Appearance

1 We shouldn't judge people by their appearance but sadly, it is actually done⁽¹⁾.
2 People dressed poorly, it seems,⁽²⁾ tend to be regarded as inferior.
3 I don't want to be counted⁽³⁾ as one of them.

参照 ⇒ (1) Unit 16　(2) Unit 86　(3) Unit 22

Topic 48 Groupies

A Do you know where the singer lives⁽¹⁾?
B Of course, I have all the information⁽²⁾ about him, including his schedule.
A Are you chasing⁽³⁾ after him?

参照 ⇒ (1) Unit 26　(2) Unit 36　(3) Unit 9

トピック 49　子供への重大な影響、家族か友達か

1. 家族は子供が最初に経験する環境で基本的な人格形成に影響する。
2. 子供が成長するには家族の重要なメンバーである母親の無条件の愛が必要である。
3. 友達は根本的な人格形成が終わった後に影響を与える。

トピック 50　韓国ドラマ

A 韓国ドラマがブームになっているけれど、このドラマ見た？
B もう2度も見たわ。
A 私は3回も見たけれど、何度見てもいいドラマね。

トピック 51　1日だけ日本を訪れる外国人を案内する場所

1. 京都：日本の伝統的な文化を体験できる。
2. 渋谷：現代の若者文化を体験できる。
3. 広島：原爆の恐ろしさを体験できる。

トピック 52　コンピュータ

1. コンピュータは生活必需品の1つになってしまった。
2. しかし、私のような機械に弱い人にとっては苦痛の種だ。
3. 操作が難しく多くのストレスを感じてしまう。

独り言　　2人の会話　　ディスカッション

Topic 49 Serious Influence on Children, Family or Friends

1. Families are the first environment children experience whose influences⁽¹⁾ develop the fundamental nature of children's personalities.
2. Children need the unconditional love of mothers, the most important members of family⁽²⁾, to grow.
3. Friends can have some influence on children after the fundamental development is over⁽³⁾.

参照 ⇒ (1) Unit 55　(2) Unit 85　(3) Unit 77

Topic 50 Korean Dramas

A: There is a boom⁽¹⁾ in Korean dramas, but have you seen this one?
B: I have seen it twice⁽²⁾ already.
A: I have seen it three times, but it is still a good drama regardless of⁽³⁾ how many times you have seen it.

参照 ⇒ (1) Unit 8　(2) Unit 13　(3) Unit 81

Topic 51 The Places that Foreigners Should Visit in One Day

1. Kyoto: they can experience⁽¹⁾ the traditional cultures of Japan.
2. Shibuya: they can experience modern youth culture⁽²⁾.
3. Hiroshima: they can experience the horror of atomic bombs⁽³⁾.

参照 ⇒ (1) Unit 27　(2) Unit 41　(3) Unit 46

Topic 52 Computers

1. The computer has become⁽¹⁾ one of the daily necessities.
2. However, it is a great burden to a person like me who is poor at⁽²⁾ handling machines.
3. The difficulty of operation causes a lot of stress for me⁽³⁾.

参照 ⇒ (1) Unit 14　(2) Unit 43　(3) Unit 18

トピック53　旅行の方法

Ⓐ 私はガイドつきのツアーを利用しますが、あなたは？
Ⓑ 私は1人で旅行するほうが好きですね。
Ⓐ 英語がしゃべれれば私もそうするのですが。

トピック54　有名人への質問

Ⓐ もし有名人に1つの質問を許されるとしたら誰に何を質問しますか？
Ⓑ 私はオバマ氏にいつ大統領になりたいと思ったのか聞きます。
Ⓐ 私もなぜなりたいと思ったのか聞きたいですね。

トピック55　生徒が先生を評価するシステム

1 先生は効果的な教え方をしているどうか知ることができる。
2 先生は生徒に悪い評価をされないためによい授業をしようとする。
3 生徒も先生を評価するためには真面目に授業に出なければならない。

トピック56　地球温暖化

1 今日も本当に暑いな。
2 去年の今頃はこんなに暑くなかったよ。
3 地球温暖化が進んでいるのかな。

独り言　　2人の会話　　ディスカッション

Topic 53　How to Travel

A I usually take a group tour with a tour guide⁽¹⁾. How about you?
B I prefer to travel⁽²⁾ alone.
A If I could speak English, I would do⁽³⁾ the same.

参照 ⇒ (1) Unit 47　(2) Unit 71　(3) Unit 29

Topic 54　One Question to a Famous Person

A If you were allowed to ask one question to a famous person, what question would you ask⁽¹⁾ to whom?
B I would ask President Obama when he wanted to become president ⁽²⁾.
A I would ask him why he wanted to become president⁽³⁾, too.

参照 ⇒ (1) Unit 29　(2) Unit 17　(3) Unit 60

Topic 55　The System of Student Evaluation

1 Teachers can know whether their teaching is effective or not⁽¹⁾.
2 Trying to avoid receiving bad evaluations from their students,⁽²⁾ teachers will make efforts to offer good classes.
3 Students must attend classes seriously to evaluate their teachers⁽³⁾.

参照 ⇒ (1) Unit 24　(2) Unit 78　(3) Unit 79

Topic 56　Global Warming

1 Again, it is really hot⁽¹⁾ today.
2 This time last year was not as hot as⁽²⁾ this.
3 Global warming, I think,⁽³⁾ is getting serious.

参照 ⇒ (1) Unit 6　(2) Unit 61　(3) Unit 86

トピック 57 メルセデス・ベンツ

1. 野球選手やお医者さんは決まってベンツだね。
2. ベンツを買う人は見栄を張ってるんだよね。
3. 日本車だっていい車がたくさんあるのに。

トピック 58 プレゼント

A その赤いネクタイは紺のスーツに合いますね。
B このネクタイはオーストラリア製で、彼女からのプレゼントです。
A そのようなプレゼントはこれまでもらったことがありません。

トピック 59 レストラン

A 何名様ですか。
B 私たちは5名ですが、湖が見えるテーブルに座れますか。
A すみません。窓際の席はすべて予約済みです。

トピック 60 値切る

A このスーツケースを少し安くしてくれますか。
B それがぎりぎりの値段ですね。
A 2つ買っても同じですか。

独り言　　2人の会話　　ディスカッション

Topic 57 Mercedes-Benz

1. Baseball players and doctors invariably buy a Mercedes⁽¹⁾.
2. People who buy a Mercedes try to make themselves look better than⁽²⁾ they are.
3. There are many good Japanese cars⁽³⁾.

参照 ⇒ (1) Unit 31　(2) Unit 62　(3) Unit 8

Topic 58 Presents

A That red necktie goes well⁽¹⁾ with your blue jacket.
B This tie, made in Australia⁽²⁾, is a present from her.
A I have never been given⁽³⁾ that kind of present before.

参照 ⇒ (1) Unit 1　(2) Unit 85　(3) Unit 13

Topic 59 Restaurants

A How many people are there⁽¹⁾ in your group?
B We are a group of five⁽²⁾, but can we have a table with the lake view?
A I am sorry. All the tables by the window⁽³⁾ have been booked.

参照 ⇒ (1) Unit 8　(2) Unit 38　(3) Unit 47

Topic 60 Come Down on the Price

A Can you come down⁽¹⁾ a little on the price of this suitcase?
B That's the lowest price we can offer⁽²⁾.
A Is it the same if I buy two of them⁽³⁾?

参照 ⇒ (1) Unit 27　(2) Unit 54, 63　(3) Unit 77

著者紹介

阿部　友直（あべ　ともなお）

1949年福島県いわき市に生まれる。獨協大学外国語学部英語学科を卒業後3年間の教師経験を得て、北アイオワ州立大学院に留学。応用言語学（英語教授法）で修士号を得て、ウィリアムペン大学にて教育学を学び、アイオワ教員免許を取得、現地の小・中学生を教える。帰国後、トフルゼミナールにて教鞭をとる。

著書『TOEFL® TEST対策完全英文法　改訂版』は発行以来20万部を突破、TOEFL受験生のバイブルとなっている。他に『TOEFL® TEST対策iBT&ITP基礎演習』『TOEFL® TEST対策iBT&ITP学習法ガイド』『正しく話す・書くためのトータル実用英文法』『英語文型完全トレーニング』『文法徹底活用でマスターする精読・速読』『文法と一緒に覚える基本英単語3000　改訂版』『上智の英語（監修・執筆）』（すべてテイエス企画刊）現在、トフルゼミナール留学センター学部長、英語教育研究所主任研究員。

カバーデザイン・本文デザイン：株式会社コミュニケーション・エンジニアーズ
デザイン・DTP：高橋奈津美
CDナレーション：Greg Dale, Rachel Walzer, 中村純子
CD制作：株式会社アドエイ
編集・校正協力：飯塚香／英文校閲：Richard Paulson

すらすら覚えてどんどん使える！高速マスター英文法

発行：2010年3月30日　第1版第1刷
著者：阿部友直 ©（トフルゼミナール英語教育研究所主任研究員）
発行者：山内哲夫
企画・編集：トフルゼミナール英語教育研究所
発行所：テイエス企画株式会社
　　　　〒169-0075　東京都新宿区高田馬場1-30-5 千寿ビル6F
　　　　電話：(03) 3207-7581（代）
　　　　E-mail：books@tsnet.co.jp
　　　　URL：http://www.tofl.jp/books
印刷：図書印刷株式会社
ISBN978-4-88784-111-6 C0082

乱丁・落丁は弊社にてお取り替えいたします。